Die

# Lehnsverfassung in Pommern

und

# ihre Reform.

Von

Bülow-Cummerow.

Berlin.

Verlag von Veit und Comp.

1848.

Ueber

# die pommersche Lehnsverfassung und die Nothwendigkeit ihrer Reform.

---

Es gehört wahrlich zu den unerklärlichen Erscheinungen, daß sich in einigen der alten Stammprovinzen, und namentlich in Alt-Vor- und Hinterpommern, die verrotteten Lehnsverhältnisse bis jetzt noch zu erhalten vermocht haben. Es läßt sich diese Erscheinung nur dadurch erklären, daß der Regierung die vielfachen Nachtheile derselben unbekannt geblieben sind, und daß man irrthümlich den wahren Rechtsboden verkannt und sich über denselben betrübenden Täuschungen hingegeben hat. Wir werden unsere Abhandlung damit beginnen, dem Leser das Gutachten eines Rechtsgelehrten über die pommersche Lehnsverfassung und über den Umfang und Werth derjenigen Rechte mitzutheilen, welche den Agnaten aus dieser zustehen. Wir werden demnächst die wesentlichen Veränderungen mittheilen, welche der frühere Rechtszustand durch die Gesetzgebung der früheren Regenten erfahren hat, so wie welche Nachtheile einestheils die Widersprüche in den einzelnen Bestimmungen, anderntheils die unklare Fassung der Lehnsgesetze selbst hervorgerufen haben. Hieraus erklärt es sich denn auch, daß die zufällige, häufig wechselnde Ansicht der Richter den Mangel eines bestimmten und klaren Gesetzes ergänzen muß, woraus dann wiederum eine Unsicherheit des Rechtszustandes die Folge ist, die der Chicane Thür und Thor öffnet. Endlich werden wir die Nachtheile hervorheben, welche aus dem Pseudo-Lehnsverbande, wie er in Pommern besteht, mehr oder weniger das Ganze wie den Einzelnen treffen, und wie hemmend diese auf die Bodencultur der Provinz und ihren Wohlstand einwirkt, ohne die alten Familien im Besitz ihrer Güter zu schützen. Nachdem wir zugleich entwickelt haben werden, wie unverantwortlich es sein würde, einen so rechtswidrigen Zustand, wie der jetzige ist, fortbestehen zu lassen, werden wir am Schlusse den jetzigen Stand der Lehnsverfassung, aus dem juridischen Gesichtspunkt betrachtet, schildern und daran Vorschläge knüpfen, wie im Interesse der dabei Betheiligten, so wie in dem der Landescultur eine Ordnung derselben rathsam erscheine.

Der Zeitpunkt zu einer wesentlichen Reform möchte wohl um so mehr gekommen sein, als auf dem in diesem Herbste abgehaltenen landschaftlichen General-Landtage von Pommern zu Stettin, welcher sich behufs der Umarbeitung der bisherigen Pfandbriefs-Taxen versammelt hatte, die Frage nothwendig zur Sprache gebracht werden mußte, welche Taxe bei Bepfandbriefung der Lehnsgüter angewandt werden sollte.

Eine baldige Entscheidung dieser Frage ist um so wichtiger, da sie von so wesentlichem Einfluß auf den Credit eines großen Theils der Theilnehmer dieser Institution ist. Der landschaftliche General-Landtag hat daher auch allerhöchsten Orts um eine Entscheidung gebeten; hierdurch werden wir um so mehr angefeuert, in dieser Schrift eine möglichst gründliche

Uebersicht sowohl der Rechtszustände zu liefern, als auch der Interessen, welche die ganze Provinz daran hat, daß Verhältnisse beseitiget werden, die so nachtheilig auf die Cultur des Bodens einwirken.

Die pommerschen Lehen sind durchweg feuda oblata.

So wie die Macht der Fürsten in Pommern zunahm, zwangen diese den Adel, seine Güter ihnen als Lehn anzubieten. Häufig fügte sich letzterer erst, durch die Gewalt der Waffen dazu gezwungen. So z. B. war das mächtige Geschlecht der von Borck das letzte, welches sich erst nach der sogenannten Schlacht bei Labes — wo alle waffenfähigen Borcks umkamen — der höhern Gewalt unterworfen. Inzwischen fand von den frühsten Zeiten her die Bestimmung statt, daß die Lehnsbesitzer ihre Güter verkaufen und nach dem vollen Werthe verschulden konnten, und daß die Handlungen des Hauptes der Familie für seine Descendenten bindend wären.

Welche Unsicherheit in der ganzen pommerschen Lehnsverfassung herrscht, wird das hier folgende kurze Gutachten eines erfahrenen Juristen über die Bestimmungen der Lehnsgesetzgebung klar nachweisen.

---

„Aus dem Werke des jetzigen Geheimen Oberjustizraths Zettwach über das pommersche Lehnrecht und aus dem vom K. Oberlandesgericht zu Stettin i. J. 1835 aus amtlichen Quellen zusammengestellten Provinzialrecht von Pommern, welches als angeblich bestehendes Recht den Provinzialständen zur Berathung vorgelegt wurde, geht im Allgemeinen hervor, daß das pommersche Lehnrecht ein Aggregat unzusammenhängender mit einander in vielfachem Widerspruch stehender Vorschriften ist. Die mehrsten darin aufgenommenen Sätze geben zu Zweifeln und Streitigkeiten Anlaß, und es ist daher gekommen, daß das Gewinnen eines Processes nach pommerschem Lehnrecht häufig eben so ungewiß ist, als das Gewinnen in der Lotterie.

Obgleich die von Schweder'schen Anmerkungen zur hinterpommerschen Lehnconstitution lange Zeit als Autorität angenommen wurden, ließ doch schon i. J. 1768 der oberste Gerichtshof sich ein Gutachten ausarbeiten, nach welchem er sich in streitigen Lehnssachen zu richten pflegte; augenscheinlich, weil aus dem alten Wuste nicht herauszufinden war. Aber auch dieses Gutachten ist nicht als feste Norm zu betrachten, denn spätere Entscheidungen sind mehrmals davon abgewichen. Es ergingen verschiedene Hofrescripte, deren Inhalt jedoch bei den Urtelssprüchen nicht als unzweifelhaft angenommen wurde; die Landstände, welche nach alter Verfassung besage des Berichts der pommerschen Regierung vom 23. Juli 1783 über Abänderung pommerscher Lehnrechte gehört werden mußten, opponirten wesentlich, als ihnen nach und nach verschiedene Entwürfe zum pommerschen Lehnrechte vorgelegt wurden. Die neuere Gesetzgebung, welche theilweise auch Lehnrechte berührte, vermehrte die vorhandene Verwirrung. Wenn nun sogar das pommersche Lehnrecht aus dem 18ten Titel des ersten Theils des Allg. Landrechts erklärt wird, so erlangt die Verwirrung kein Ende. Denn dieser 18te Titel sollte nach dem bekannten Suarez'schen Vortrage Seite 87 Heft 81 der von Kamptz'schen Jahrbücher kein bestehendes Recht, sondern nur „ein jus feudale universale im philosophischen Sinne" sein und nur einen Leitfaden für die Verfasser des künftigen Provinzial-Lehnrechts zur nöthigen Bestimmtheit und Vollständigkeit bilden; ein solches Provinzial-Lehnrecht fehlt uns aber noch bis jetzt in Pommern. Der 18te Titel kann daher zur Erklärung des pommerschen Lehnrechtes nie herangezogen, sondern dieses muß aus sich selbst und aus seinen Quellen erklärt werden, wie dies in Bezug auf alle Provinzialgesetze und Statuten schon längst durch Gärtner scharf und schlagend nachgewiesen ist.

Da indeß das pommersche Lehngesetzbuch in Kurzem wohl nicht zu erwarten steht, vielmehr die Hoffnung vielseitig gehegt wird, daß eher das ganze verwitterte und ruinenartige Lehngebäude, welches in keiner Beziehung den jetzigen Zeitverhältnissen mehr entspricht sondern überall widerspricht, zusammenstürzen werde, so wird es nicht uninteressant sein, in Kurzem zu untersuchen, welche Rechte die Agnaten auf pommersche Lehne haben und was diese Rechte, bei Licht besehen, werth seien. Denn gewöhnlich werden diese Rechte der Agnaten sehr in den Vordergrund geschoben, wenn von Aufhebung oder Veränderung der Lehngesetze gesprochen wird.

---

Die Rechte der Agnaten auf pommersche Lehne sind verschieden, je nachdem die Lehne im Lehngange sich befinden oder durch Veräußerung oder Verpfändung aus dem Lehngange gebracht waren.

Im ersteren Falle, also so lange die Lehne im Lehngange sich befinden, haben die Agnaten das Recht, nach Absterben der lehntragenden Linie das Lehn durch Lehnerbfolge zu erwerben: derjenige Agnat, welcher dem letzten Lehnbesitzer am nächsten in der Linie und im Grade verwandt ist, gelangt zur Lehnerbfolge; will er die Erbschaft nicht annehmen, so folgt derjenige Agnat, welcher außer jenem der nächste war, u. s. w.

Dies ist auf den ersten Blick allerdings ein wesentliches Recht, es sinkt aber auf nichts zusammen, sobald das Wesen der pommerschen Lehne näher betrachtet wird. Die pommerschen Lehne können nämlich vom Lehnbesitzer unbeschränkt verschuldet werden, und sie haften bis auf ihren vollen Werth für alle Schulden, welche der abgegangene Lehnbesitzer hinterläßt, sobald kein Allodialvermögen desselben hinterblieb: sie haften für dessen wirkliche Lehnschulden sogar, wenn er auch bedeutendes Allodialvermögen nachließ.

Um nicht mehr Schulden berichtigen zu dürfen, als der Werth des Lehnes reicht, hat der Agnat das beneficium taxae. Es wird nämlich durch eine nach dem Lehngesetze aufzunehmende Taxe der Ertrag des Lehnes ermittelt, und dieser theils mit fünf theils mit sechs Procent zu Capital gerechnet. Auf Höhe dieser Capitalsumme muß der Agnat die Lehnschulden unbedingt, die Allodialschulden aber in Ermangelung eines Allodialnachlasses übernehmen und berichtigen: er erwirbt also nur das, was das Lehn mehr als die Taxe werth ist. Dieses Mehr ist aber der Natur der Sache nach ein Nichts, weil die Taxe den wirklichen Werth des Lehnes aussprechen soll. Dahin ging auch die Absicht des Gesetzes: es sollte der wirkliche Werth dadurch ermittelt werden. In der That wird er freilich jetzt dadurch nicht mehr ermittelt, sondern die Taxe bleibt hinter dem wirklichen Werth zurück. Dies liegt jedoch bloß in einem Fehler der Gesetzgebung, welche der Zeit nicht gefolgt ist und dadurch jene bestimmt ausgesprochene Absicht des Gesetzes vereitelt. Den Lehngesetzen gemäß wurde nämlich eine den dermaligen Zeiten vollkommen entsprechende Taxordnung (Abschätzungsmethode) vorgeschrieben: sie befindet sich in

a) der vorpommerschen Hofgerichtsordnung v. 18. Octbr. 1672 Th. 3. Tit. 1. §. 19.;

b) der hinterpommerschen Hofgerichtsordnung v. 9. April 1683 Tit. 67. §. 8.

c) der hinterpommerschen Lehnconstitution Tit. 2. §. 5. Tit. 3. §. 1. Tit. 23. §. 4.;

d) dem Justiz-Reglement v. 16. Octbr. 1733 §§. 75. 76.

und in einigen Rescripten, und befolgt übrigens den Schweder'schen Tractat von Anschlagung der Güter, welcher auch in die Taxprincipien der pommerschen Landschaft übergegangen ist.

Die Taxordnung ist also zum Theil fast zwei Jahrhunderte alt, verändert dadurch das Princip des Lehnrechts und kann mithin augenscheinlich den jetzigen Zeitverhältnissen nicht mehr entsprechen, worüber es keiner Worte bedarf.

Will die Gesetzgebung ihren Fehler, so lange geschlummert zu haben, wieder gut machen, so muß sie eine neue zeitgemäße Taxordnung schaffen: dann wird obige Absicht des Gesetzes nicht mehr vereitelt, sondern erreicht und das Gesetz selbst also wieder eine Wahrheit werden.

Es muß aber auch die theilweise Capitalisirung zu sechs vom Hundert aufgehoben werden. Sie beruht auf dem alten Visitationsbescheide vom Jahre 1616 und wurde deshalb beliebt, weil damals in Pommern 6 Thaler vom Hundert als Zinsen überall gegeben wurden. Bekanntlich ist dieser Zinssatz längst für einen ungesetzlichen erklärt. Folgerecht muß also auch die Gesetzgebung sich nicht der Beibehaltung eines ungesetzlichen Zinssatzes schuldig machen.

Muß nach Herstellung des Rechtszustandes der Agnat es sich gefallen lassen, daß das Gut nach seinem wahren, jetzigen Werth durch seinen Vorgänger verschuldet wird, so behält er materiell nichts, sondern nur die Genugthuung, ein Gut zu erlangen, welches früher seine Vorfahren besaßen, wogegen er das große Opfer bringen muß, sein Allodial-Vermögen in ein Lehn zu verwandeln. Der Gedanke, ein altes Familiengut wieder in Besitz genommen zu haben, mag sein Angenehmes haben: aber er allein vermag nicht, die offenbaren Leiden zu beseitigen, welche mit dem Besitz eines bis auf seinen vollen Werth verschuldeten Gutes verbunden sind. Denn solcher Besitzer hat nicht einen Heller Credit. Er mag durch Fleiß und Anstrengung die Zinsen der Schulden allenfalls erschwingen: hat er aber nicht sein Allodial-Vermögen zum Ankauf verwandt und wird ihm ein Capital gekündigt oder tritt nur ein einziges schlechtes Erntejahr ein, so ist er rettungslos verloren. Selbst das oft beliebte Mittel einer reichen Heirath fehlt ihm dann, weil jeder Vater sich bedenken muß, ihm eine Tochter zu geben, indem das Vermögen der letzteren jeder Sicherheit entbehrt.

Daher wurde von dem beneficium taxae so lange, als die Taxe eine Wahrheit war, nach dem Bericht der pommerschen Regierung vom 23. Juli 1783 noch bis zu jener Zeit nie Gebrauch gemacht; und es wird auch wieder so kommen, sobald die Gesetzgebung eine wahre Taxordnung erscheinen läßt.

Da nun erfahrungsmäßig solche Lehnbesitzer, welche keine Söhne, sondern nur Töchter oder andere Allodialerben haben, in der Regel die Lehne bis auf ihren höchsten Werth verschulden oder aussaugen, um möglichst entweder selbst das Leben zu genießen oder ihren Allodialerben etwas zu hinterlassen; so hat sein nachfolgender Agnat stets nur auf den Besitz eines völlig verschuldeten und total ruinirten Gutes zu rechnen, zu dessen Wiederinstandbringung ihm das Gut selbst gar keine Mittel gewährt.

Dasselbe beneficium taxae haben die Agnaten auch außer dem Falle der Lehnerbfolge dann, wenn dem zur lehntragenden Familie gehörigen Besitzer das Gut wegen Schulden entweder im Concurse oder auch nur im Wege der Execution durch Subhastation gerichtlich verkauft wird.

Allein auch hier hat das beneficium taxae keinen anderen als den vorgedachten Werth, sobald nur die Taxe nach einer Taxordnung, wie sie sein sollte, aufgenommen wird. Alle die oben geschilderten Nachtheile treten auch hier demjenigen entgegen, welcher auf das beneficium anträgt: es kommt hier sogar noch hinzu, daß durch die Subhastation alle auf dem Gute stehende Hypothekcapitale fällig geworden sind und also in der Regel baar ausgezahlt werden müssen, dadurch folglich die Ausübung des beneficii noch lästiger, schwieriger und werthloser wird.

Da nun die Entwerfung einer richtigeren Taxordnung zur Zeit im Werke ist, so läßt sich erwarten, daß das beneficium taxae wiederum, wie es bis zum Jahre 1783 wirklich war, außer aller Anwendung kommen werde.

Die pommerschen Lehne dürfen bekanntlich von dem Lehnbesitzer auch an fremde, nicht zur lehntragenden Familie gehörige Personen erblich veräußert oder verpfändet werden. Dies ist der zweite oben berührte Fall, und es gestalten sich in diesem die Rechte der Agnaten anders.

Ist nämlich der veräußernde Lehnmann mit lehnfähiger Descendenz nicht versehen, so ist die unbedingte Veräußerung nur auf die Zeit seines Lebens als gültig anzunehmen: der nächste Agnat kann nach seinem Tode das Lehngut zurückfordern, allein er muß ebenfalls die zur Zeit der Veräußerung vorhanden gewesenen Lehnschulden des Veräußerers, ja sogar die Allodialschulden, wenn der Veräußerer kein Allodialvermögen hatte, bis zur vollen Höhe des Lehnwerthes übernehmen. Dies ist eigentlich auch nichts weiter als das beneficium taxae.

Ist dagegen der veräußernde Lehnmann mit lehnfähiger Descendenz versehen, so werden als Rechte der Agnaten gewöhnlich angenommen

1) das Vorkaufrecht, welches bei Verlust desselben in Jahr und Tag ausgeübt werden muß, und
2) das Revocationsrecht, wodurch nach dem Absterben des Veräußerers und der in die Veräußerung etwa consentirt habenden Agnaten, so wie sämmtlicher lehnfähiger Descendenz beider derjenige Agnat, welcher mit dem Veräußerer am nächsten verwandt ist, zuerst und dann die entfernteren Agnaten das Lehngut zurückfordern können, jedoch dann an den fremden Besitzer des Gutes, den Preis, für welchen das Gut zuerst aus dem Lehngange veräußert war, nebst allen nothwendigen und nützlichen Verbesserungen, unter Abzug der Verschlimmerungen ersetzen muß.

Dieses Recht verjährt in 30 Jahren nach dem Absterben der veräußernden und consentirenden Linien.

Betrachten wir beide Rechte näher.

1) Das Vorkaufsrecht wird nur irrthümlich noch als ein Recht der pommerschen Agnaten aufgeführt, da es durch das Edict vom 9. Octbr. 1807 unbedingt aufgehoben ist. Diese Behauptung ist zwar noch nicht von allen Gerichtshöfen, jedoch z. B. schon vom ersten Senate des Königl. Oberlandesgerichts zu Stettin als richtig anerkannt: sie wird ohne Zweifel bald die allseitige Anerkennung finden. Die Motive des Edicts vom 9. Octbr. 1807 ergeben es mit dürren Worten, daß es Absicht des Gesetzgebers war, durch das Edict das Vorkaufsrecht der Agnaten unbedingt aufzuheben: deshalb sagt das Gesetz wörtlich:

> ein gesetzliches Vorkaufs- oder Näherrecht soll fernerhin **nur** bei Lehns-Obereigenthümern, Erbzinsherrn, Erbverpächtern, Miteigenthümern und da eintreten, wo eine mit anderen Grundstücken vermischte oder von ihr umschlossene Besitzung veräußert wird.

Die Lehnagnaten sind hier ausgelassen, obwohl ihre Erwähnung so nahe lag, da des Lehnobereigenthümers gedacht wurde. Allein es war, wie gesagt, wirkliche Absicht, ihr ehemaliges Vorkaufsrecht durch das Edict aufzuheben, und deshalb wurden sie ausgelassen *).

Bevor die Motive zum Edict bekannt geworden waren, wollte oder konnte man von dieser wohlthätigen Absicht des

*) Wir verweisen den Leser auf das, was hierüber weiterhin bei Mittheilung einer Circularverfügung des Ministeriums der Justiz an die Oberlandesgerichte zu Stettin und Cöslin gesagt ist.

Gesetzes sich nicht überzeugen: man suchte daher das Vorkaufsrecht der Agnaten, da es aus den Worten des Edicts nicht herauszufinden war, durch eine Deduction zu retten. Man sagte, die Agnaten sind Miteigenthümer des Lehnes, denn sie nehmen Theil am nutzbaren Eigenthum des Lehns, welches dem Vasallen zusteht,

§. 17 Tit. 18. Th. I. }
§. 17. Tit. 8. Th. I. } A. L. R.;

folglich sind sie als Miteigenthümer nach dem Edict zum Vorkaufsrecht befugt. Allein diese Deduction, welche bei der klaren Absicht des Gesetzgebers an sich unzuläßig ist, kann auch bei pommerschen Lehnen keine Anwendung finden.

Abgesehen nämlich davon, daß selbst das A. L. R. im §. 18. Tit. 18. Th. I. das Mittheilnahmerecht der Agnaten am nutzbaren Eigenthum des Lehnes für ein ruhendes erklärt, so hat dasjenige Recht, welches der nach Suarez Ausspruch nur philosophirende, aber nirgends als Gesetz gelten sollende Tit. 18. Th. I. A. L. R. den Agnaten wirklich ertheilen wollte, auch weit mehr im Munde, als das Recht der pommerschen Agnaten. Nach Tit. 18. Th. I. A. L. R. §. 228 soll der Vasall die Substanz des Lehns überhaupt nicht und die Nutzungen nur für seine Benutzzeit eigenmächtig mit Schulden belasten dürfen: nach §. 288 soll kein Agnat die ohne seine Zuziehung vom Lehnmann über das Gut getroffenen Verfügungen anzuerkennen verpflichtet sein, sondern unentgeltliche Rückgabe des veräußerten Lehnes fordern können (§§. 302. 303.), er soll auch unconsentirte Lehnschulden in der Regel nicht übernehmen dürfen. Hiernach würde der Agnat allerdings wesentliche, wenn auch negative Rechte haben, und man könnte dann wohl mit Grund von ihm sagen, er habe ein ruhendes Miteigenthum.

Alles dies ist nach pommerschen Lehnrechten anders. Der Lehnmann kann hier, sobald er nur lehnfähig beerbt ist, das Lehngut für alle Zeit veräußern, so daß der Erwerber wahrer Eigenthümer wird; er kann es, selbst ohne Descendenz zu haben, ganz unbeschränkt mit Schulden gültig belasten; ja er könnte es sogar ganz oder theilweise zerstören. Wo so starke Kennzeichen des Alleineigenthums vorhanden sind, da bleibt kein einziges Kennzeichen des Miteigenthums: ein Miteigenthum aber, welches nicht erkennbar ist und keinerlei Wirkung äußern kann, ist kein Miteigenthum. Die pommerschen Agnaten haben vielmehr nur ein Erbrecht und gewisse beneficia, welche zur Erhaltung dieses Erbrechtes dienen sollten.

2) Das Revocationsrecht erscheint allerdings von erheblicherem Belange, besonders wenn erwogen wird, daß im Laufe der Jahre das Geld immer werthloser wird. Bei der Revocation erstattet der Agnat zunächst nur den Kaufpreis, für welchen das Gut vor Jahren aus der Familie veräußert wurde: er zahlt also jetzt z. B. nur die etwanigen 10,000 Thaler zurück, für welche das Gut vielleicht vor 100 Jahren veräußert war. Offenbar sind jetzt 10,000 Thaler kaum den vierten Theil von dem werth, was sie vor 100 Jahren werth waren. Hierin liegt ein Vortheil des Agnaten.

Allein das weiß auch jeder Käufer eines Lehngutes und deshalb sucht er sich vorzusehen. Daher ist es denn gekommen, daß in den mehrsten Fällen bei Verkäufen von Lehngütern die Verkaufspreise viel höher in den Contracten angegeben sind, als sie wirklich gezahlt waren. Der Veräußerer verlor dadurch nichts; der Käufer erlangte höhere Deckung und das früher bestehende Vorkaufsrecht wurde den Agnaten noch erschwert. Oder es wurde zwar wirklich der geschriebene Preis berichtigt; aber mit Obligationen, welche wenig oder gar keinen Werth hatten. Hiervon etwas zu erweisen, ist dem revocirenden Agnaten fast jederzeit unmöglich: er wird also den geschriebenen Kaufpreis baar zurück zahlen müssen. Er muß aber außerdem auch die Meliorationen vergüten, und diese belaufen sich, wenn der fremde Besitzer irgend vorsichtig war, stets sehr hoch. Gewöhnlich entsteht darüber ein Proceß, welcher auf jegliche Weise verzögerlich, von dem fremden Besitzer geführt wird, weil dieser erst nach wirklicher Erstattung der Meliorationen das Gut zurückzugeben verpflichtet ist: und so sehr auch die Beschleunigung der Processe durch die neuere Gesetzgebung herbeigeführt ist, so wird es doch einem erfahrenen Consulenten gelingen, einzelne Puncte zu verzögern, ad separatum zu bringen und von vorne anzufangen. Gewöhnlich ermüdet hierbei die Geduld des revocirenden Agnaten; noch häufiger schwinden aber seine Geldmittel, welche anfänglich vorräthig, oder doch wenigstens in Aussicht waren. Und Geld gebraucht er viel. Es ist schon vorgekommen, daß ein fremder Lehnbesitzer alte Pfandbriefe ablösete, damit der revocirende Agnat zur vollen Baarzahlung gezwungen und also die Revocation höchlich erschwert würde. Ueberdies ist es immer ein Lehngut, welches der Agnat durch die Revocation erwirbt: er darf also auf Credit nicht rechnen, weil auf Lehngüter Niemand gern Geld ausleihet. So z. B. giebt das Königl. Oberlandesgericht zu Stettin aus seinen Depositis jetzt keinen Groschen mehr als Darlehn auf ein Lehngut: andere milde Stiftungen und öffentliche Fonds machen es eben so. Glaubt endlich der revocirende Agnat alles überwunden zu haben, so ist er oft im Falle, nichts zu behalten: ein näherer Agnat tritt auf, und er muß das Lehngut herausgeben, freilich gegen Empfang seiner Auslagen. Ja es ist nach dem Plenarbeschluß des Königl. Geh. Ober-Tribunals vom 9. Dcbr. 1839 sogar anzunehmen, daß dem revocirenden Agnaten der Einwand, er sei nicht der nächste zur Lehnfolge berechtigte Agnat, von dem fremden Lehnbesitzer werde entgegengesetzt werden können.

Ein Recht, welches so schwer auszuüben ist, als das Revocationsrecht, ist also kaum noch als ein Recht anzusehen, selbst dann nicht, wenn es nicht mit dem Vorkaufsrecht aufgehoben wäre.

3) Das Beneficium taxae steht bei erblich veräußerten Lehnen den Agnaten nur dann zu, wenn sie vom fremden Lehnbesitzer zur Ausübung aller ihrer Lehnrechte unter Androhung der Präclusion provocirt werden. Dieses Beneficium ist jedoch, wie oben gezeigt, werthlos, sobald richtige Taxordnungen vorhanden sind. Auch kann es dadurch beseitigt werden, daß der fremde Lehnbesitzer seine Provocation zurücknimmt.

Es bleibt nun noch das Reluitionsrecht oder Einlösungsrecht der Agnaten übrig. Solches ist nur bei pfandweise veräußerten Gütern, und zwar nach dem Aussterben der Linien des Verpfänders und deren, welche in die Verpfändung consentrirt haben, zuläßig. Der Einlösende muß die Summe, für welche das Lehn verpfändet war, und die Verbesserungen nach Abzug der Verschlimmerungen erstatten, er kann aber statt dessen auch das beneficium taxae ausüben. Bei wiederkäuflich veräußerten Gütern gilt fast eben dasselbe.

Solche Verpfändungen und wiederkäufliche Veräußerungen geschahen früher großentheils nur bei kleineren Gütern oder Gutspertinencien, z. B. einzelnen Bauerhöfen, und waren ein

Mittel, mehr Geld daraus zu lösen, als bei freien Verkäufen zu erlangen war. Die Erwerber waren gewöhnlich gemeine Landleute, welche als Nichtadelige kein Rittergut eigenthümlich erwerben konnten: den Adligen war der Erwerb solcher kleineren Stücke ganz werthlos. Letzteres ist noch jetzt der Fall, und es wird daher das Reluitionsrecht nur selten zur Ausübung kommen. Uebrigens sind mti demselben auch alle die Nachtheile verbunden, welche bei dem Revocationsrechte erwähnt sind, und es hat nur noch den Vorzug, daß es durch keine Verjährung verloren gehen kann.

Sind hiernach die Rechte der Agnaten auf pommersche Lehne so unbedeutend, so kann bei der Frage: ob die Lehne nicht überhaupt aufzuheben seien, auf jene kein sonderliches Gewicht gelegt werden. Deshalb ist denn auch die Aufhebung der Lehne von mehreren Familien, z. B. von Manteuffel und von Dewitz, ohne alle Schwierigkeit ausgeführt worden."

Ueber

# die Nachtheile, welche die Lehensverfassung in Pommern sowohl für die Lehnguts-besitzer als für ihre Gläubiger hat.

---

Nachdem wir in dem vorstehenden Abschnitte die Leser mit dem Gutachten eines erfahrenen praktischen Juristen über die pommersche Lehnsverfassung, und mit den Veränderungen bekannt gemacht haben, welche diese durch die frühere Gesetzgebung und besonders die des vorigen Königs erfahren hat, treten die Abweichungen deutlich hervor, welche zwischen der pommerschen und der in der Mark Brandenburg bestehenden stattfinden. Hier sind die Familienlehen nicht wie in Pommern verkäuflich und verschuldbar. In der Mark bedarf der Lehnsträger zu jedem Act, der eine Veränderung in der Substanz des Lehns bezweckt, den Consens der Agnaten, und er kann selbst seinen Descendenten nichts vergeben; hier ist mithin der Lehnsträger eigentlich nur der temporaire Nutznießer. In Vor- und Hinterpommern dagegen sind, nachdem auch der Lehnsnerus mit dem Landesherrn aufgelös't ist, nur noch gewisse Familienrechte übrig geblieben, welche aber durch die Widersinnigkeit und Dunkelheit der darüber sprechenden Bestimmungen den lehnstragenden Familien selbst die größten Nachtheile bringen.

Als einen der wesentlichsten unter diesen müssen wir die Schwächung des Credits betrachten, welche die Lehngutsbesitzer dadurch erfahren haben, daß der frühere Rechtsboden, nach welchem der Lehnsempfänger den vollen Werth bezahlen mußte, verlassen ist und der Werth jetzt durch eine Taxe bestimmt wird, die seit 80 Jahren jede Grundlage verloren hat und daher viel zu geringe ausfällt.

Nach den früheren Rechtsverhältnissen steht den Besitzern von Lehngütern das Recht zu, ohne Consens der Agnaten, das Lehngut bis auf seinen vollen Werth zu verschulden. Wenn demnächst durch das Aussterben einer Linie die Lehngüter in eine andere übergingen, so wurden von den dabei interessirenden Parteien „Sachverständige" ernannt, welche die Güter nach ihrem vollen Werthe abschätzten, und der Lehnsnachfolger war dann verpflichtet, die Befriedigung der Gläubiger und selbst die Anforderungen der weiblichen Descendenz bis auf Höhe der Taxe zu übernehmen.

Da diese Taxen aber, wie oben gezeigt worden ist, auf der zufälligen Ansicht der Taxatoren beruheten, so fielen dieselben sehr ungleich aus; daher wandten sich die Lehnsbesitzer an Friedrich II. mit der Bitte, „Taxprincipien" entwerfen zu lassen, um eine größere Gleichmäßigkeit zu erzielen.

Friedrich beauftragte darauf Schweder, geeignete Taxprincipien zu entwerfen. Dieser erfüllte auch seinen Auftrag, allein er war verständig genug, bei Ueberreichung derselben ausdrücklich darauf aufmerksam zu machen, daß die nach dem von ihm aufgestellten Princip angefertigten Taxen nur so lange den Werth der Grundstücke richtig angeben würden, als sich die Producte in dem Werthe erhielten, welchen sie damals gehabt hätten; daß aber, wenn dieser sich änderte, daraus leicht Rechtsverletzungen hervorgehen würden, da nach der Lehnsverfassung jederzeit der volle Werth von dem Lehnsempfänger gezahlt werden müßte *).

Seiner Warnung entgegen hat man die besagten Taxen beibehalten, welche jetzt, nachdem die Producte, und mit ihnen die Güter so im Preise gestiegen sind, statt des vollen Werthes kaum 25 bis 30 pCt. des Werthes abschätzen. Die Folge hiervon ist, daß nicht allein die Gläubiger eines Lehngutes und die Allodialerben oft um einen großen Theil ihres Vermögens gebracht werden, sondern daß, da der Credit des Lehngutsbesitzers, sowohl in erster als folgender Hand, sich nach der Lehnstaxe richtet, und diese verhältnißmäßig immer niedriger wird, je höher die Cultur und der Werth der Güter steigt, sich auch in gleichem Maaße der Credit des Lehnsbesitzers vermindert. Schon in dem Zeitraum bis zum Jahre 1806 zeigte sich diese Beschränkung des Credits den Lehngütern verderblich. Der Ackerbau war bei den vielen damals seine Cultur hemmenden Verhältnissen auf der untersten Stufe stehen geblieben, der Ertrag der Güter blieb daher, so groß auch ihr Umfang war, ein sehr geringer. Es bestand aber von jeher in Pommern die gleiche Erbtheilung und in Folge davon der Zwang, entweder Schulden zu machen, oder, wenn dies nicht möglich war, die Güter zu zersplittern **) und zu

*) Den Leser, der sich vollständiger über das pommersche Lehnswesen zu unterrichten wünscht, verweisen wir auf das so vollständig und gründlich bearbeitete Buch vom Geh. Ober Justizrath Zettwach über die pommersche Lehnsverfassung, aus welchem auch obige Angaben theilweise geschöpft sind.

**) Es erscheint fast fabelhaft, wohin diese Zersplitterung führte. Der veräußern; dazu kam, daß die Einnahme aus den Gütern wegen ihrer geringen Erträge kaum hinreichte, die Existenz der Familie zu sichern, mithin nicht daran gedacht werden konnte, von den gemachten Ersparungen bei eintretenden Todesfällen die Miterben abzufinden. Es blieb daher oft nur übrig, die alten Familiengüter zu veräußern. Denn wenn einer oder der andere der Erben es wagte, die Güter zu übernehmen und die Geschwister abzufinden, so ward er nur zu oft von seinen Gläubigern so gedrängt, daß er die Güter demnächst doch freiwillig oder unfreiwillig verkaufen mußte, und zwar wegen der daran klebenden lästigen Lehnsqualität immer unter ihrem Werthe.

Vor dem Jahre 1806 war es daher schon der Fall, daß die alten früher so stark begüterten Familien, in Folge der Beibehaltung der unglücklichen Schweder'schen Taxe, mehr oder

---

Besitzer mehrerer Güter bestimmte häufig, wie die Güter unter seine Söhne vertheilt werden sollten. Da aber die Güter b und c weniger werth wären als a, so ward bestimmt, daß die ersteren in dem Gute a noch jeder einen Bauerhof erhielten, daß sie als Eigenthum einzelne Wiesenstücke und Forstcaveln in den Gütern des andern bekommen sollten, deren Grenzen dann mit Knoten in den Zweigen bezeichnet wurden. Diese Theilungen wiederholten sich in der zweiten und folgenden Generation und führten zu der allergrößten Zersplitterung, welche die Grundstücke selbst werthlos machte. Wir selbst besitzen ein Haus, welches früher drei Gutsherren gehörte, welche mehr Meilen aus einander wohnten, als das Haus Hunderte von Thalern werth war. In dem alten von Osten'schen Kreise von Pommern, in welchem wir angesessen sind, war Alles in Communion der sämmtlichen Rittergutsbesitzer des ganzen Kreises, nicht allein die Aecker, Forsten, Wiesen, Weiden, es war auch das Wild auf den Feldern und im Walde, die Fische im Wasser, die Vögel unter dem blauen Himmel, mit anderen Worten im ganzen Kreise war Alles gesetzlich in Communion, mit Ausnahme dessen, was Gott durch die Hand des Priesters zusammengefügt hatte. Dies war sehr patriarchalisch, alles dieses hat die moderne Gesetzgebung aufgelöset, und selbst die Kreistage auf einer einzeln gelegenen Mahlmühle.

weniger ihre Güter verkaufen mußten, und viele von ihnen völlig verarmten.

Durch die Gesetzgebung von 1807 und den folgenden Jahren ward diese Pseudo-Lehnsverfassung völlig unhaltbar, und der Nachtheil sowohl für den Einzelnen als für die Allgemeinheit immer größer. Bis zum Jahre 1807 forderte der Betrieb der Wirthschaft selbst fast kein baares Geld. Die unterthänigen Bauern und Tagelöhner mußten den herrschaftlichen Acker für die ihnen zur Benutzung übergebenen Grundstücke bebauen; Gespann ward auf den Höfen nicht gehalten; die Handdienste wurden unentgeltlich geleistet.

Durch die Gesetzgebung jener Zeit, der Preußen seinen raschen Aufschwung verdankt, wurde die Erbunterthänigkeit und der Dienstzwang aufgehoben, und durch das Gesetz vom 14. Septbr. 1811, welches die bisherigen Pachtbauern zu Eigenthümern erhob, alle Frohndienste abgeschafft, die großen Strekken gemeinschaftlicher Hütung getheilt.

Von jetzt an mußten die Gutsbesitzer mit eigenem Zugvieh und mit baarem Gelde ihre Wirthschaften betreiben; zugleich erhielten sie nicht nur das halbe Bauerland zurück, sondern auch noch in Folge der Gemeinheitstheilung große uncultivirte Strecken von wüst gewerdeneu, früher als Weide benutzten Ländereien. Von jetzt an forderte der Betrieb der Wirthschaft ein kostspieliges Inventarium, es mußten eine Menge Wirthschaftsgebäude und Tagelöhnerwohnungen aufgeführt werden. Hierzu gehörten bedeutende Summen baaren Geldes, und zwar um so größere, da die zurückerhaltenen Grundstücke, welche ganz außer Cultur waren, in den ersten Jahren nicht den geringsten Ertrag lieferten, mithin auch die Zinsen des Grundcapitals verloren gingen.

Woher sollten die Besitzer der Lehngüter oder die Käufer derselben die Capitalien nehmen, die sie so nothwendig gebrauchten, da sie durch die Schweder'schen Taxprincipien creditlos geworden waren, Taxprincipien, die um so weniger paßten, da sie nur Dreifelderwirthschaften, elend von Frohnen bestellt, kannten? Die natürliche Folge davon war, daß eine große Zahl von Gutsbesitzern in Concurs gerieth, andere, um doch etwas zu retten, zu jedem Preise verkaufen wollten und mußten. Hierunter litten aber nicht allein die Besitzer der Güter selbst, sondern auch alle Gutsbewohner mit, und am meisten die Landescultur; denn während der langen Sequestrationen, welche dadurch herbeigeführt wurden, kamen die Güter völlig herunter, die Bodenkraft ward verzehrt, die Forsten devastirt und die Gebäude verfielen. Schlagender wie alle Ausführungen, daß in der Lehnsverfassung selbst der Grund liege, weshalb die Lehnsbesitzer gezwungen worden sind, ihre Güter zu verkaufen, beweiset dies der jetzige Besitzstand.

Daß früher in Pommern, mit Ausnahme der lauenburg-bütowschen Kreise, alle Rittergüter Lehngüter waren, ist bekannt.

In Alt-, Vor- und Hinterpommern beläuft sich die Zahl der Rittergüter nach den uns gewordenen Mittheilungen rund gerechnet auf 1200, davon abgezogen circa hundert für den lauenburgischen Kreis, bleiben 1100 übrig, von diesen sind ungefähr 600 bereits völlig aus dem Lehn ausgeschieden und von den verbleibenden 500 etwa 100 noch im rechten Lehnsgange, und 400 zwar in fremden Händen, jedoch noch nicht vom Lehnnerus befreit *).

*) Unsere Bemühung, ein ganz specielles Verzeichniß zu erhalten, ist

In dem Osten'schen Kreis, der früher mit einer Ausnahme der Familie gleichen Namens gehörte, sind nur noch zwei Güter, die sich im rechten Lehnsgange befinden. In dem Borckschen Kreis, der sehr bedeutend ist, sind noch sechs Herren von Borcks, welche sich ihren alten Familienbesitz erhalten haben; beide Kreise zusammen, welche jetzt den Regenwalder Kreis bilden, zählen 81 Rittergutsbesitzer, von welchen mithin nur ein Zehntheil ihr Besitzthum im Lehnsgange erhalten hat.

Im Naugardter Kreis, welcher größtentheils aus Lehen der Dewitz'schen Familie bestand, giebt es, so viel uns bekannt, keine mehr, da jene Familie die Lehen unter sich aufgehoben hat.

Die Zahl der übriggebliebenen Lehngüter im Randowschen Kreise von Vorpommern ist auch sehr geringe, und wenn sich das Gerücht bestätigt, daß die Raminsche Familie von der ihr zustehenden Befugniß Gebrauch machen will, den Lehnsnerus aufzuheben, um ihren großen gemeinschaftlichen Besitz verkaufen zu können *), so würde der Graf von Eickstädt der einzige Lehnsträger bleiben.

Auch das alte stark begüterte Geschlecht der Manteuffel, welches im Bellgardtschen und Fürstenthumschen Kreise

---

uns zwar nicht geglückt, inzwischen glauben wir verbürgen zu können, daß obige Angaben sehr annähernd sind.

*) Hier bestätigt sich von Neuem die oben von uns ausgesprochene Ansicht, daß wegen des geringen Credits, den die Lehngutsbesitzer haben, der Verkauf das einzige Auskunftsmittel ist, wenn ein großer Grundbesitz zwischen viele Interessenten getheilt werden muß. Die Theilung in Grund und Boden ist nicht möglich, nur die Ausgleichung in Capital bleibt übrig. Wie gern würde Einer der Interessenten die schöne Herrschaft Stolzenburg der Familie erhalten, wenn es ihm nicht unmöglich gemacht wäre.

angesessen ist, hat gleich dem Geschlecht derer von Dewitz durch einen Familienbeschluß den Lehnnexus aufgehoben. Diese Familie und die der von Dewitz haben von sich das Schicksal abwenden wollen, welches schon so viele andere alte Familien erfahren haben, unter den verderblichen Einfluß der Lehnsverfassung einer völligen Verarmung entgegen zu gehen. Da aber die Gesetzgebung ihnen bis jetzt nicht die Befugniß eingeräumt hat, die in ihren Händen befindlichen Güter formell allodificiren zu lassen, so ist ihr Realcredit dadurch nicht gebessert, und ihre Güter werden erst Allodium, wenn sie sie an Andere verkaufen *).

In anderen Kreisen der Provinz, in welchen sich größere Besitzungen in einer Hand befanden und der Ehesegen geringer ausfiel, finden wir verhältnißmäßig mehr lehnstragende Familien, die sich im Besitz der angestammten Güter erhalten haben; namentlich ist dies im Anclam'schen, Flemmingschen und Stolper Kreise der Fall. Soll noch ein kleiner Theil derselben als lebende Bilder des frühern Lehnswesens übrig bleiben, so ist dies nur durch Umbildung der Lehen in Fideicommisse möglich.

Doch wir sind überzeugt, daß die hier mitgetheilten Facta mehr als alles Andere die Ansicht bestätigen, daß in der Lehnsverfassung, wie sie jetzt besteht, der Grund der Verarmung der Familien und die Ursache der Veräußerung ihrer Besitzungen liegt.

Wie wenig Werth oft einzelne Glieder der Familie auf

*) Auch dies liefert einen Beleg für die von uns gemachte Behauptung, daß die Regierung, welche bis jetzt die alten Familien im Besitz zu erhalten wünscht, durch ihre Maaßregeln die entgegengesetzte Wirkung hervorruft.

entfernte Lehnsansprüche legen, geht daraus hervor, daß uns viele Fälle bekannt sind, in welchen der Lehnsberechtigte für 50 bis 120 Thaler auf sein Lehnsrecht selbst bei einem größeren Gütercomplexus verzichtet und in die Allodification der Güter gewilligt hat.

Wäre den seit 40 Jahren an den Thron gelangten Bitten um Herstellung des Rechtszustandes und um eine Reform der Lehnsgesetzgebung Gehör geschenkt, so würden viele Familien gerettet und nicht viele Millionen Vermögen in den durch die Lehnsverfassung herbeigeführten Verwickelungen untergegangen sein.

Wie ist es aber überhaupt denkbar, daß sogenannte Lehnsgüter, die der zeitige Besitzer ohne Consens seiner Agnaten zu verkaufen und bis zu ihrem vollen Werthe zu verschulden gesetzlich befugt ist, den Familien erhalten werden können, da die Besitzer derselben gezwungen sind, Schulden zu machen.

Der Name Lehn ist kein Zauberstaab, sondern ein todter Schall, wenn alle Attribute fehlen.

Friedrich der Große erkannte es schon sehr wohl, wie verderblich das pommersche Lehnswesen auf den Wohlstand der Rittergutsbesitzer, auf die Bodencultur und auf den Flor der Provinz einwirkte; daher ertheilte er den lehnstragenden Familien die Befugniß, den Lehnsnexus unter sich durch einen Familienbeschluß aufzuheben. Die ganze Lehnsverfassung selbst aufzuheben, schien ihm damals eben so wenig an der Zeit, als die Erbunterthänigkeit abzuschaffen.

Ganz besonders erkannte der vorige Monarch das Bedürfniß einer durchgreifenden Reform des Lehnwesens, nachdem er alle anderen gesetzlichen Beschränkungen des Eigenthums entfernt hatte. Das Gesetz vom 9. October 1807, auf welches wir weiterhin zurückkommen werden, ist ein erstes und sehr bedeutendes Zeichen davon, inzwischen nicht das einzige.

Als im Jahre 1810 dem Monarchen von einer großen Anzahl pommerscher Rittergutsbesitzer eine Bittschrift, „die Umwandlung der Lehnsverfassung betreffend", überreicht worden war und es besonders hervorgehoben wurde, daß, nachdem alle übrigen gesetzlichen Fesseln, welche bisher der freien Entwickelung der Nation und ihren materiellen Interessen entgegenstanden, entfernt wären, eine Lehnsverfassung wie die pommersche nicht mehr bestehen könnte, erging vom Staatscanzler der Bescheid, daß, sobald noch erst einige andere Gesetze erlassen worden wären, mit welchen sich die Regierung beschäftige, auch die Lehnsgesetzgebung an die Reihe kommen würde.

Als darauf im Jahre 1812 die erste interimistische Nationalversammlung zusammenberufen ward, befand sich unter den königlichen Präpositionen auch eine, die allgemeine Aufhebung der Lehne betreffend. Der Krieg vom Jahre 1813 störte die Berathungen und unterbrach alle eingeleiteten Vorarbeiten, welche aber mit Rücksicht auf Pommern im Jahre 1819 wieder aufgenommen wurden und dahin führten, daß uns persönlich vom Staatscanzler Hardenberg der Auftrag ertheilt ward, landschaftliche Kreistage in der ganzen Provinz zu halten und auf diesen die Ansichten der Rittergutsbesitzer über den eingereichten Plan wegen Verwandlung der Güterlehne in Geldlehen auszusprechen, da Se. Majestät zu wissen verlangte, ob die Ansicht der Bittsteller von der Majorität der Rittergutsbesitzer getheilt würde. Sämmtliche Kreise der Provinz, mit Ausnahme des Randowschen und Demminschen, die sich einer Meinungsangabe enthielten, erklärten sich für den Plan, was den König veranlaßte, ihn an den ersten Provinzial-Landtag zu verweisen, welcher sich aber für incompetent erklärte.

Die in der nächstfolgenden Zeit eingetretene Reaction im Princip übte auch auf die so dringend nothwendige Ordnung des Lehnwesens ihre Macht, inzwischen wurden die Berathungen über die Reform der Lehns-Gesetzgebung von Zeit zu Zeit immer wieder aufgenommen.

Jetzt, wo durch die Hochherzigkeit des Monarchen eine neue Entwicklungs-Periode in allen Beziehungen, und ganz besonders in den Rechtsverhältnissen in Aussicht steht, und wo sich zugleich immermehr das Bedürfniß herausstellt, nicht hemmend den Fortschritten des Landbaues entgegen zu treten, läßt sich mit Gewißheit erwarten, daß auch dieser faule Fleck in unserer Gesetzgebung und Provinzialverfassung eine Reform erhalten werde.

Wie gezeigt worden ist, hat die Lehnsverfassung selbst die alten Familien aus den Besitz ihrer Güter gebracht. Jede Verletzung des Rechtszustandes straft sich immer und oft an denjenigen, von welchen sie ausgeht; so auch hier.

Durch die Beibehaltung der Schwederschen Taxprincipien wurde bei Ausübung des beneficii taxae oft nicht der halbe Werth bezahlt, aber dennoch wenig gewonnen, weil zugleich der Credit, den nur der ganz Reiche entbehren kann, verloren ging. Ein großer Kapitalsverlust war die Folge des veränderten Rechtszustandes. Der Wohlstand der Provinz hat sehr bedeutend hierdurch gelitten, viele Personen sind um ihr Vermögen gekommen und die verwickelten Lehnsgesetze haben in der Regel zu einer völligen Devastation der Güter, und Verarmung ihrer unglücklichen Einwohner geführt. Kann es unter diesen Umständen zweifelhaft bleiben, daß es im Interesse und in der Pflicht der Regierung liege, diesem Unwesen ein Ende zu machen?

Die unendlichen Widersprüche, welche sich in der Pommerschen Lehns-Gesetzgebung finden, zu beseitigen, ist für alle Theile gleich wichtig, so wie in einem klaren Gesetz festzustellen, welche Rechte und Pflichten die dabei Betheiligten treffen. Selbst die, von Vorurtheilen Befangensten werden dies zugeben müssen.

Wenden wir hier einen Seitenblick auf das Wesen der alten Lehnsverfassung überhaupt, so bestand dies in alten Zeiten darin, die großen Gutsbesitzer und den Landesherren enger mit einander zu verbinden, um die Macht des letzteren zu verstärken, und ersteren Schutz zu sichern. Die ganze Bildung der neuen staatlichen Verhältnisse hat das Lehnswesen in seinen tiefsten Gründen vernichtet, und seitdem der Lehnsnexus zum Landesherrn allgemein aufgehoben ist, erblicken wir nur noch ein bodenloses Faß, in welchem sich einzelne Familien eingezwängt befinden, und sich hin und wieder kindisch freuen, daß sie sich nicht bewegen dürfen.

Eine Lehnsverfassung besteht daher in der preußischen Monarchie nicht mehr, sondern nur Familienverträge, die nach den Provinzen sehr verschieden sind, und da weniger nachtheilig wirken, wo die wechselseitigen Rechte und Pflichten klar hervortreten. Inwiefern es überhaupt nöthig wäre, dem gesammten sogenannten Lehnswesen eine andere Gestalt zu geben, und was in dieser Beziehung sowohl im Interesse der Familien, als der weiteren Ausbildung der ständischen Verfassung geschehen könnte, wollen wir nicht weiter untersuchen, sondern unser Auge nur auf die Pommerschen Lehnsverhältnisse richten, in welchen die Verwirrung so weit geht, daß nothwendig etwas geschehen muß.

Inzwischen, ehe wir weiter hierauf eingehen, bleibt es noch zu untersuchen, ob denn eine Verfassung, die so große Nachtheile hat, und die wenigstens alle Rechtsgelehrte, und die öffentliche Meinung zu ihren Gegnern zählt, doch nicht irgend eine Seite zeige, die sie empfehle?

Die Vertheidiger des status quo führen an, es liege in der Billigkeit und in der Staatspolitik, daß man die alten, in Pommern angesessenen Familien, welche mit der Monarchie aufgewachsen wären, in ihrem früheren Besitz zu erhalten suche. Jetzt aber erblicke man nur zu oft Bürgerliche, und selbst Güterspeculanten, auf den alten Familien-Besitzungen jener. Das Lehnswesen müsse dies zu verhindern suchen.

Was den ersten Punkt betrifft, so sollte die Regierung allerdings die ihr zu Gebote stehenden Mittel und Wege anwenden, um die alten Familien, die mit der Monarchie aufgewachsen sind, im Besitz ihrer Güter zu erhalten, um so mehr, da sie selbst durch die rechtzeitige Unterlassung der Reform des Lehnswesens und durch die, im Interesse des Ganzen erlassenen Gesetze, den jetzigen Zustand herbei geführt hat. Die rechten Mittel und Wege sind: Verstärkung des Kredits, und Lösung der Fesseln, aus welchen der krankhafte Zustand hervorgegangen ist, und Einrichtungen, wodurch es möglich wird, durch Familien-Fideicommisse die Güter den Familien zu erhalten.

Was den zweiten Punkt betrifft, so enthält dieser eine Anklage gegen die Gesetzgebung der Jahre 1807—15.

In Folge der früheren Verfassung war der Besitz von Rittergütern nur auf den Adel beschränkt.

Diese Beschränkungen haben aufgehört und der Kauf steht Jedem, auch sogar den Speculanten frei, und wenn Lehngüter öfters in die Hände von letztern kamen, so liegt der Grund davon in der Verkehrtheit der Maaßregeln, die man bisher begünstiget hat.

Der Lehnsbesitzer muß häufig aus den bereits angegebenen Gründen verkaufen. Die Liebhaberei für Lehnsgüter ist, weil ein gesetzlicher Schutz fehlt, sehr gering, denn schon der Name Lehn schwächt den Credit und hält überhaupt diejenigen vom Kauf ab, die einen festen Familienbesitz zu erstehen beabsichtigen. Was ist daher natürlicher, als daß bei Ermangelung anderer Käufer, Speculanten ihr Augenmerk auf die Güter richten, die aus Noth oft so wohlfeilen Kaufs zu haben sind; daß aber in vielen Fällen und solchen, wo eine baldige Revocation in Aussicht steht, die neuen Besitzer die Güter aussaugen, möglichst hoch verschulden und demnächst völlig devastirt ihrem weiteren Schicksal überlassen, darf Niemand befremden.

Es wird ferner zu Gunsten der Lehnsverfassung die Ansicht ausgesprochen, daß doch zuweilen ein verarmtes Mitglied einer alten Familie dadurch wieder in den Besitz alter Familiengüter gelange. Solche Fälle kommen sehr selten vor, denn unbemittelte Revocanten verkaufen die Güter in der Regel gleich wieder an Fremde. Ja wir könnten unzählige Beispiele anführen, wo der Revocant nicht daran denkt, sich wieder in Besitz von Gütern zu setzen, welche seinen Vorfahren gehörten und auf welchen es diesen oft schlecht genug ergangen ist, sondern ein Dritter bietet ihm irgend ein Capital, wenn er die Güter einlöse. Ist der bisherige Besitzer um sein Gut, die Gläubiger um ihr Vermögen gekommen, dann verkauft der Revocant gegen einen fingirten übermäßigen Kaufpreis das alte Familiengut diesem Dritten, der es nicht unterläßt, die Lehnsvettern aufzufordern, und da Niemand die

Kaufſumme zahlen mag, erfolgt die Allodification. Seltener würde dieſer Fall eintreten, wenn der Lehnbeſitzer mehr Credit hätte, wenn die Lehnsverhältniſſe beſſer geordnet wären, wenn ſie eine klarere Faſſung erhielten und wenn es daher nicht gleichſam ein Lottoſpiel bliebe, bei welchem die Gerichtsſporteln, die Adminiſtratoren und Executoren die halbe Erbſchaft ſchon fortgenommen haben.

Wenn ein wenig bemittelter Agnat, um bei dem Falle ſtehen zu bleiben, ein Gut für die Lehnstaxe übernimmt und wirklich das Geld zur Annahme geborgt bekommt, wie ſoll er ſich die Mittel verſchaffen, es wieder in Cultur zu ſetzen? er quält ſich daher oft eine Zeit, und nach Verlauf derſelben kommt das Gut nur zu häufig wieder sub hasta, ſelbſt wenn der Revocant ſich auch der Allerhöchſten Unterſtützung zu erfreuen gehabt hat.

Es würde uns ein Leichtes ſein, auch hiervon Beiſpiele aufzuführen, allein die Acten des Stettiner und Cösliner Oberlandesgerichts und die Stettiner Rechtsconſulenten können unzählige Belege für die Beſtätigung dieſer Anſicht liefern, ſelbſt aus den neueſten Zeiten.

Ein anderer Grund, der für die Beibehaltung der ſogenannten Lehnsverhältniſſe angeführt wird, beſteht darin, daß durch dieſe Rechte erwachſen ſind, die als ſolche unter dem Schutz der Geſetze ſtehen.

Aus dem Lehnsverbande ſelbſt ſind Familien-Rechte entſprungen, die nur genommen werden können, wenn auf der einen Seite höhere Rückſichten es fordern, auf der andern eine vollſtändige Entſchädigung gewährt wird. Hiezu fehlt es nicht an Veranlaſſung.

In der Provinz Pommern ſtehen noch 400 Rittergüter

mehr oder weniger unter den Druck des Lehnsverbandes; angenommen, daß der Durchschnittswerth eines jeden derselben 40,000 Thaler sei, so macht dies ein Capital von 16 Mill. Thaler. Durch die Allodification der Güter würde ihr Werth um mindestens 20 pC. erhöht, mithin dadurch ein Vermögenszuwachs von über 3 Mill. Thaler für ihre Inhaber entstehen. Inzwischen würde der Nutzen sich keinesweges hierauf beschränken.

Durch die Entfernung des Lehns-Nexus würde der jetzt geschwächte Credit ihrer Besitzer wieder gehoben, und diese in den Stand gesetzt werden, mit mehr Kraft ihr Gewerbe zu betreiben. Hierdurch würden nicht allein eine Menge Menschen erweiterte Beschäftigung finden und ihren Unterhalt gewinnen, sondern auch die Production sich sehr bedeutend heben, und in Folge dessen wiederum der Werth dieser Güter eine Steigerung von mindestens 20—30 pC. erfahren können.

Es wird unter diesen Umständen wohl Niemand bestreiten, daß ein nahes, allgemeines Interesse vorhanden sei, das Lehnswesen wo möglich zu ordnen, und eben so wenig, daß nicht die Mittel zur Entschädigung vollkommen vorhanden sind. Es wird daher nur darauf ankommen, die Mittel aufzufinden, wodurch eine gerechte und billige Ausgleichung der verschiedenen Interessen möglich wird.

So nothwendig nun eine Ordnung der jetzigen Lehnsverfassung ist, so giebt es zwei Wege, auf welchen dies geschehen kann.

Das erste ist, daß man genau erforsche, welches mit Bezug auf die frühere Verfassung und die Veränderungen, welche diese im Laufe der Zeit durch diese Gesetzgebung erfahren hat, der gegenwärtige Rechtszustand sei, und welche verschiedenen allgemeinen und besonderen Interessen eine Berücksichtigung verdienen, und daß die Regierung dann eine klare Redaction der Lehns-Gesetzgebung veranlasse, damit jeder den Umfang der ihm zustehenden Rechte und Pflichten kenne.

Das Zweite, daß das Lehnswesen in Pommern ganz aufgehoben werde, jedoch gegen billige möglichst vollständige Entschädigung und unter Erleichterung der Stiftung von Familien-Fideicommissen an die Stelle der bisherigen Lehne.

Um nun auf ersteres zurück zu kommen, so ist das Haupterforderniß, den Umfang der Rechte zu kennen, welche den belehnten Familien, so wie allen dabei betheiligten Personen zustehen.

In dem Abschnitt dieser Schrift über die Rechtsverhältnisse ist nachgewiesen worden, daß nach altem Recht und früherem Herkommen die Lehngüter, wenn das Beneficium taxae geübt werden sollte, nach ihrem wahren Werthe abgeschätzt wurden, und der Lehnsfolger diesen entrichten mußte, daß dagegen dieser abgeschätzte Ertragswerth unter gewissen Modificationen zu 5 und 6 pC. capitalisirt ward.

Es ist ferner darauf aufmerksam gemacht, daß der Zinssatz von 6 pC. zwar im 17ten Jahrhundert der übliche war, inzwischen seitdem als ungesetzlich abgeschafft sei, und daher auch bei dem Beneficium taxae keine Anwendung mehr finden dürfe, so wie er überhaupt, wie wir hinzufügen müssen, nur da angewendet wird, wo keine Abgaben auf dem Gute haften: Fälle, die jetzt wohl überhaupt kaum mehr vorkommen möchten.

Das Beneficium taxae ist daher nicht ein Beneficium, bestimmt, die Gläubiger und die Allodial-Erben des austretenden Lehnsbesitzers um ihr Vermögen zu bringen, sondern den nächsten Agnaten die Gelegenheit zu verschaffen, sich wieder in den Besitz eines frühern Familienguts zu setzen.

Wollte man hiergegen einwenden: „dann sei es kein Beneficium mehr," so würde man sich sehr täuschen, denn eine Wohlthat bleibt es immer, ein Gut außer der Concurenz für eine Taxe annehmen zu können, die so weit hinter dem Geldwerth der Güter zurückbleibt, wie dies bei den landschaftlichen Taxen der Fall ist und immer bleiben wird.

Dagegen fordert es das Recht, und das allgemeine und besondere Interesse Aller, daß man nicht mehr eine bodenlos gewordene Taxe, wie die Schweder'sche ist, beibehalte, sondern die Ermittelung nach einer den jetzigen Verhältnissen und dem jetzigen Culturstand entsprechender Taxe erfolge.

Ein anderes Recht, welches den Mitbelehnten nach der früheren Verfassung zusteht, ist das Vorkaufsrecht, welches in zwei Stadien geübt werden kann,

das erste Mal, binnen Jahr und Tag, nachdem es zur Kenntniß des Lehnsvettern gekommen ist, daß das Gut verkauft sei; das zweite Mal, nachdem die veräußernde Linie ausgestorben ist, wo dann der Revocant verpflichtet ist, wie bei der Ausübung des sofortigen Vorkaufs noch außer dem Kaufpreis, wofür es aus der Familie gegangen ist, die gemachten Verbesserungen nach Abrechnung etwaniger Verschlechterungen (wie dies oben näher entwickelt ist), dem Vorbesitzer zu erstatten.

Dieses früher den Lehnsvettern zustehende Verkaufsrecht in beiderlei Gestalt ist nun durch das Gesetz vom 9. October 1807 völlig, und sehr wohlbedächtig aufgehoben. Von allen Bestimmungen der Lehnsverfassung giebt es keine, die den, doch unter dem Schutz der Gesetze erworbenen Besitz eines Lehnguts demnächst wieder so unsicher gemacht hätte, als das

Revocations- oder Vorkaufsrecht in futuro, wie man es eigentlich nennen sollte.

Durch dieses ist unendlichen Chicanen und gegenseitigen Uebervortheilungen Thür und Thor geöffnet worden. In diesem Revocationsrecht liegt der Grund der Creditlosigkeit des Besitzers von Lehnsgütern, des Unglücks vieler Familien, auf seine Rechnung kommen die vielen Fälschungen und Ueberlistungen, welche bisher so häufig stattgefunden haben. Unsere nächste Aufgabe wird daher in dem Nachweis bestehen, daß in Folge des Gesetzes vom 9. October 1807 das Vorkaufs- und Revocationsrecht aufgehoben ist, und daß aus diesem Gesetz Rechte entstanden sind, die nicht wieder genommen werden können; wir werden ferner die Aufmerksamkeit darauf richten, wie gerecht und weise es vom hochseligen Könige war, ein Gesetz zu erlassen, durch welches Bestimmungen aufgehoben wurden, die so viele Nachtheile herbeigeführt hatten und nach den vorangegangenen Ereignissen nicht mehr geduldet werden durften.

Auffallend erscheint es, daß ein Gesetz, wie das vom 9. October 1807, bei welchen so viele Personen in bedeutendem Grade betheiliget waren, und durch das der Rechtszustand mit Bezug auf pommersche Lehne so wesentlich verändert worden ist, zuerst im Jahre 1843, also nach 36 Jahren zur Sprache gebracht wurde.

Allein es erklärt sich dies unter Anderm auch schon aus dem beschränkten Verhältniß, in welches man die Rechtsanwalte (unsere Justizcommissarien) versetzt hatte. Durch die Stellung, die man diesen gegeben, war ihre selbstständige Bewegung so eingeengt, daß sie sich eigentlich nur in dem Formellen bewegten, und in der Regel kaum die

Zeit behielten, aus den unzähligen älteren und neueren sich oft widersprechenden Gesetzen diejenigen Stellen herauszufinden, welche der Sache ihrer Klienten eine günstige Wendung geben konnten.

Daß eine so beschränkte Stellung der Rechtsconsulenten und die Abhängigkeit, in welcher sie sich als untergeordnete Staatsdiener befanden, einer höheren geistigen Entwickelung nicht förderlich war, und ein beschränkter Wirkungskreis auch den Aufschwung der Gedanken einengt, ist nicht zu verwundern, und erklärt es sich hieraus, daß die große Bedeutung eines Gesetzes, wie das vom 9. October 1807 so lange völlig übersehen ward; wie ganz anders würde es mit unserer Lehnsverfassung jetzt aussehen, wenn gleich damals die Bestimmungen dieses Gesetzes zur Anwendung gekommen wären, wie viel reicher würde nicht die Provinz geworden sein?

In der Streitsache des v. Borck gegen v. Schmeling wegen Ausübung des Vorkaufsrechts wurde zuerst auf das Gesetz vom 9. October 1807 Bezug genommen, allein sowohl vom ersten als zweiten Senat des Oberlandes-Gerichts zu Stettin dahin erkannt, daß durch jenes Gesetz das Vorkaufsrecht der Agnaten nicht aufgehoben sei.

Der Gutsbesitzer Hell, welcher sich in dem Besitz eines von Borck'schen Lehngutes befand, auf welchem das Vorkaufsrecht geübt werden sollte, wandte sich im Jahre 1844 an Se. Majestät den König, und bat um eine Declaration dahin lautend, daß nach dem §. 3. des Edicts vom 9. October 1807 den berechtigten Lehnsagnaten überhaupt kein Vorkaufsrecht mehr zustehe.

In der an den Herrn Minister Uhden unter dem 22. März 1845 zur Mittheilung an den Hell erlassenen allerhöchsten Kabinets-Ordre wird jedoch dieser Antrag zurückgewiesen, „weil die Gerichtshöfe über Auslegung des §. 3 und folgende des Gesetzes vom 9. October 1807 im entgegengesetzten Sinne, als der Bittsteller es vorgetragen, einverstanden wären, und ihre Auslegung um so mehr zu billigen sei, da sie wohlerworbenen Rechten zum Schutz gereiche."

Seit Erlaß jener Cabinets-Ordre ist aber eine wesentliche Veränderung in den Ansichten des Stettiner Gerichtshofes eingetreten.

Der erste Senat des Oberlandes-Gerichts hat nämlich in mehreren Rechtsstreitigkeiten, das Vorkaufsrecht der Agnaten betreffend, erkannt, daß ein gesetzliches Vorkaufsrecht nicht mehr bestehe, und hat sich nicht allein durch die klare Fassung des Gesetzes selbst dazu bestimmen lassen, sondern ganz besonders dadurch, weil in den Motiven zu dem Gesetz es ausdrücklich gesagt wird, daß die Aufhebung in der Absicht des Gesetzgebers gelegen habe.

Zwar hat bei den verschiedenen vorgekommenen Entscheidungen der zweite Senat des Königl. Oberlandes-Gerichts zu Stettin bis jetzt noch im entgegengesetzten Sinne als der erste Senat erkannt, allein die Gründe des zweiten Senats sind auf die Dauer nicht haltbar. Es wird so z. B. in einem dieser Erkenntnisse angeführt, daß, weil die Mitbelehnten Miteigenthümer wären, sie, da in dem §. 3 das Vorkaufsrecht für Miteigenthümer reserviret sei, als solche dieses Recht zu üben befugt bleiben. Diese Ansicht, daß die Pommerschen Agnaten Miteigenthümer wären, ist völlig gehaltlos, denn dann müßten sie auch bei eintretendem Verkauf oder bei Aufnahme von Schulden ihren Theil bekommen.

Anders stellt es sich bei den Märkischen Lehnen, wo der Besitzer nur Nutznießer ist.

Doch es bedarf dieser Gegenstand keiner weiteren Ausführung, da das Ministerium der Justiz durch officielle Mittheilung der Verhandlungen über das Gesetz vom 9. October 1807, welche übrigens auch schon theilweise bekannt waren, jeden Zweifel darüber entfernt hat, ob die Lehnsagnaten als Miteigenthümer zu betrachten seien.

Aus den Entscheidungen des ersten Senats des Oberlandes-Gerichts zu Stettin über die Auslegung des Gesetzes vom 9. October 1807 ergiebt sich aber, daß die in der allerhöchsten Cabinets-Ordre vom 22. März 1845 vorausgesetzten Uebereinstimmung der Erkenntnisse der beiden Senate nicht mehr besteht, und dies scheint denn auch den Herrn Minister Uhden veranlaßt zu haben, in einem Circularschreiben an die Oberlandes-Gerichte zu Stettin und Cöslin und das Geheime Ober-Tribunal, diese auf diejenigen Punkte aufmerksam zu machen, welche den Richter in den Stand setzen, ganz im Geiste des Gesetzgebers entscheiden zu können.

Bei der Wichtigkeit des Gegenstandes halten wir uns verpflichtet, auf die Entstehung des Gesetzes vom 9. October 1807 zurückzugehen, und dieß um so mehr, da aus den Verhandlungen über die Abfassung die Absicht des Gesetzgebers klar hervortritt.

Im Jahre 1806 war auf Befehl des Monarchen eine Commission zusammengetreten, an welcher der Kanzler von Schrötter und der Staatsminister von Stein Theil nahmen, die Vorschläge machen sollte, den durch den unglücklichen Ausgang des Krieges von 1806 zerstörten Wohlstand der Unterthanen wieder herzustellen.

Zu den verschiedenen Anträgen der ernannten Commission gehörte unter andern auch der: die bestehenden Einschränkungen bei Veräußerungen von Grundstücken aufzuheben, und unter diesen namentlich die Vorkaufs- und Näherrechte, insofern diese nicht in Folge von Verträgen, sondern durch Gesetze begründet wären.

In dem Immandiat-Bericht an Se. Majestät den König erklärten sich nun die obengenannten beiden Minister mit den Anträgen der Commission einverstanden, fügten jedoch hinzu: daß außer anderen Ausnahmen, (die auch demnächst Gesetzeskraft erhalten haben) die Lehne und Fideicommisse hiervon ausgenommen würden, ohne jedoch denjenigen Familien-Mitgliedern, die nicht zugleich Lehnsfolger sind, das gesetzliche Vorkaufsrecht einzuräumen.

Nach der ursprünglichen Ansicht der Commission sollte mithin einem Theil der Familien-Mitglieder das Vorkaufsrecht vorbehalten bleiben.

Dem entsprechend lautete daher auch der §. 2 jenes ersten Gesetzentwurfes:

„Das gesetzliche Vorkaufs- und Näherrecht, und das daraus erwachsende Rückforderungs-Recht (Revocationsrecht) der Lehnsfolger und Obereigenthümer bei dem Verkauf oder der zeitweisen Verpfändung des Lehnsguts ꝛc. ferner sowie derjenigen, welche eine bewegliche oder eine unbewegliche Sache, oder eine Gerechtigkeit als Miteigenthümer gemeinschaftlich besitzen, bleibt fernerhin unverändert.“

Der obenerwähnte Antrag des Minister v. Stein und des Kanzler v. Schrötter erhielt jedoch nicht die allerhöchste Bestätigung, sondern der oben angeführte §. 2 ward in §. 3 dahin verändert, daß ein gesetzliches Vorkaufs- und Näherrecht fernerhin nur bei Lehnsobereigenthümern, Erbzinsherren, Erbverpächtern, Miteigenthümern und da eintreten solle, wo eine, mit andern Grundstücken vermischte oder von ihnen umschlossene Besitzung verkauft wird.

Es geht aus dem hier mitgetheilten §. des Gesetzes unverkennbar hervor, daß nicht in Folge eines Mißverständnisses oder leichter Behandlung bei Abfassung desselben dieses die obige veränderte Bestimmung erhalten hat, sondern daß es recht eigentlich die Absicht des Gesetzgebers war, welcher mit vollem Bewußtsein im Interesse der Wohlfahrt des Staates das gesetzliche Vorkaufs- und Näherrecht für die Zukunft zu vernichten beschlossen hatte. Die Gründe dazu liegen auch klar vor, und wir werden, um hier den Faden nicht zu unterbrechen, zu seiner Zeit auf diese zurückkommen.

So wenig es nun hiernach zweifelhaft bleiben kann, daß in Folge des §. 3 des Gesetzes kein Vorkaufsrecht der Agnaten mehr besteht, so geht auch aus den weiteren nachträglichen Verhandlungen noch hervor, daß die Gründe, welche sich gegen das Gesetz aufwerfen ließen, gleich damals vorgebracht, und namentlich die Verletzung der Rechte der Agnaten scharf hervorgehoben wurden, der hochselige König darin aber keine Veranlassung zu einer veränderten Fassung gefunden habe.

Unter anderm zeigte der Geheime Ober-Finanz-Rath von Borgstädt, noch ehe die Publication des Gesetzes vom 9. October 1807 erfolgte, als General-Commissarius von Pommern und der Neumark, unterm 17. November 1807 an, daß und aus welchen Gründen er Bedenken trage, die Publication des Edicts sogleich zu veranlassen. Zu diesen Bedenken gehörte auch der §. 3, mit Bezug auf welchen gesagt wird:

„Der §. 3 scheine, auf Pommern und die Neumark angewandt, insofern einen Irrthum zu enthalten, als er festsetze, daß ein gesetzliches Vorkaufsrecht fernerhin nur bei den Lehnsobereigenthümern stattfinden solle. Dem Lehnsobereigenthümer competire aber ein Vorkaufsrecht nicht, dagegen competire es den Agnaten; das Edict würde also, wörtlich gedeutet, den Agnaten ihr Vorkaufsrecht entziehen, und es nur einem Nichtberechtigten, mithin ohne rechtliche Wirkung vorbehalten, und dies sei höchstwahrscheinlich nicht die Absicht."

Der Kanzler v. Schrötter erwiderte jedoch unter dem 1. December 1807:

„Das Bedenken erledige sich aus dem Edict selbst. Wo nach der Lehnsverfassung dem Lehnsobereigenthümer kein Vorkaufsrecht zustehe, finde auch das Edict keine Anwendung.

Was aber die Agnaten und Lehnsberechtigten betreffe, so hätten selbige allerdings ihr Vorkaufs- und Näherrecht durch den §. 3 verloren."

Der Kanzler v. Schrötter nahm indessen hieraus Veranlassung, dem Staatsminister v. Stein bei Mittheilung dieses Bescheides zur Erwägung zu stellen, ob es nicht angemessen sein sollte, von den Landescollegien Anzeige darüber zu erfordern, ob die Verfassung einzelner Provinzen bei der Anwendbarkeit des Edicts Bedenken veranlassen könne, und diese Bedenken durch eine Declaration auf einmal zu heben.

Herr v. Stein fand jedoch in seinem Antwortschreiben vom 4. December 1807 nicht rathsam, eine solche Aufforderung an die Landescollegien zu erlassen. In diesem Schreiben wird jedoch der Gesichtspunkt aufgestellt, man müsse das Edict vom 9. October 1807 als das Gemeine-Recht behandeln, welches in der Regel allgemein gelte. Einzelne provinzielle Abweichungen würden sich durch Immandiat-Rescripte treffen und sanctioniren lassen. In Ansehung des Vorkaufsrechts bei Lehnen könne das Edict durch ein Immandiat-Rescript declarirt werden. In einem späteren Schreiben vom 13. December 1807 äußerte Herr v. Stein: der Sinn des §. 3 des Edicts sei, die Consolidation des getrennten Eigenthums zu befördern, ohne Jemandem dadurch ein Recht zu nehmen, und hiernach werde das in Pommern etwa bestehende agnatische Vorkaufsrecht ferner fortdauern können. Dies sei aber die Sache der besonderen speciellen Bestimmung.

Hierbei ist es indeß verblieben, die beiläufig erwähnte specielle Bestimmung ist niemals ergangen; doch wohl ohne alle Frage, weil der König sie nicht gewollt hat.

Mit Bezug auf das Vorstehende kann nach der vom Justizminister selbst ausgesprochenen Ansicht durchaus nicht bezweifelt werden, daß es wirklich die Absicht gewesen ist, durch den §. 3 des Edicts vom 9. October 1807 das den Agnaten zustehende Vorkaufsrecht allgemein aufzuheben, und daß es nicht zulässig sein kann, den im §. 3 gebrauchten Ausdruck „Miteigenthümer" auf das Verhältniß der Agnaten zu beziehen (cf. §. 17 Titel 18 Th. 1 des Allgem. Landrechts.)

Wenn es nicht an und für sich schon eine unhaltbare Ansicht war, die der zweite Senat des Königl. Oberlandes-Gerichts zu Stettin aufgestellt hat, daß die Pommerschen Agnaten als Miteigenthümer betrachtet werden könnten, so geht es aus den hier gemachten Mittheilungen unwiderleglich hervor, daß man den Lehnsagnaten nicht das Vorkaufsrecht unter dem Titel Miteigenthümer hat vorbehalten wollen, sondern daß das Vorkaufs- und Näherrecht vollständig augehoben sei.

Allein auch die hingeworfene Ansicht des Ministers von Stein, man möchte das Edict vom 9. October 1807 als das Gemeinerecht behandeln, welches in der Regel allgemein gelte, einzelne provinzielle Abweichungen aber würden sich durch Immediat-Rescripte treffen und sanctioniren lassen, ist ganz bedeutungslos, da die Declaration unterblieben ist, und nun aus dem Gesetz-Rechte erwachsen sind, die man ohne Gefährdung des eingetretenen Rechtszustandes und ohne den früheren Gesetzgeber selbst zu compromittiren, nicht wieder vernichten kann.

Zwar wird noch für den Augenblick von der Seite her, von welcher man unstreitig wegen nicht vollständiger Uebersicht der Schädlichkeit einer so corrumpirten Lehnsverfassung, wie die Pommersche ist, nach Gründen gesucht, den alten status quo festzuhalten, allein diese Gründe verlieren bei näherer Beleuchtung jede Kraft.

Was dagegen erhoben wird, drückt sich in dem Antwortschreiben, welches der Gutsbesitzer Hell, sind wir anders gut unterrichtet, erhalten haben soll, am deutlichsten aus.

In diesem, wie auch in dem erwähnten Circularschreiben, wird entwickelt, daß, wenn der im §. 3 des Edicts vom 9. October 1807 aufgestellte Grundsatz auch auf das Vorkaufsrecht der Agnaten Beziehung habe, daraus nicht folge, daß dadurch auch in der Pommerschen Lehnsverfassung das Vorkaufsrecht aufgehoben sei. Das Edict vom 9. October 1807 sei ein allgemeines Gesetz, und dessen das Landrecht abändernde Bestimmungen beziehen sich zunächst nur auf das allgemeine Lehnsrecht*), wo aber der Gegenstand fehlen würde.

Durch allgemeine Gesetze könnten aber nach §. 61 der Einleitung des Allgem. Landrechts Provinzial-Gesetze nur dann aufgehoben werden, wenn diese Aufhebung deutlich ausgesprochen wäre.

Diese Aufhebung sei jedoch in dem Edict weder ausgesprochen, noch überhaupt beabsichtigt**). Das den Agnaten zustehende Vorkaufsrecht könne daher nicht als aufgehoben betrachtet werden, weil es in Verbindung mit dem Revocationsrecht eine der wesentlichsten Grundlagen der Pommerschen Lehnsverfassung ausmachte.

---

Eine vollständige Widerlegung der hier ausgesprochenen Ansicht gehört nicht zu den schwierigen Aufgaben. Zuvörderst ist zu berücksichtigen, daß nur in Pommern allein die Lehne ohne Consens der Agnaten verkäuflich sind, und nur dort den Mitbelehnten ein Vorkaufs- und Revocationsrecht zugestanden hat. Es würde dieser Theil des Gesetzes daher kein Object haben, wenn man den einzigen Fall, auf den es allein Anwendung finden kann, ausnehmen wollte. Daß aber ein Object vorhanden war, und diese Bestimmung sich daher auf die pommer-

*) Dieser Ansicht wird auf das Bestimmteste durch die mitgetheilten Verhandlungen und die Motive jenes Gesetzes widersprochen.

**) Wir müssen es selbst bezweifeln, daß diese Stelle authentisch ist, denn sie drückt geradezu das Gegentheil von dem aus, was aus den Motiven so klar hervortritt, und in dem Circular-Schreiben des Herrn Justizministers so schlagend nachgewiesen ist.

sche Lehnsverfassung bezog, geht ja aus der darüber geführten Correspondenz zwischen dem Herrn von Borgstedt und den Ministern von Stein und von Schrötter hervor.

Mehr als bedenklich würde es aber erscheinen, wenn man die Ansicht im Ernst festhalten wollte, das Gesetz, als ein allgemeines, müsse ausdrücklich die entgegenstehenden Provinzialgesetze aufheben, wenn es diese ausschließen sollte.

Wenn es möglich wäre, daß eine solche Ansicht von der Regieruug ausgehen könnte, so wäre dadurch ein großer Riß in der ganzen Gesetzgebung vom Jahre 1807 bis 1815 gemacht, denn da, so viel uns bekannt, in keinem der in jener Periode erlassenen allgemeinen Gesetze die Bestimmung enthalten ist, daß durch diese die entgegenstehenden Provinzialrechte aufgehoben sein sollten, so würden, wenn diese Klausel unerläßlich sei, alle durch jene Gesetze aufgehobenen Rechte wieder erwachen. Die abgetretenen Bauerhöfe, die Erbunterthänigkeit, der Dienstzwang, die Bannrechte und eine Anzahl anderer würden dann wieder in Frage kommen. Doch dafür ist das Land wohl sicher, und dieser Einwand gegen die Gültigkeit des Gesetzes fällt daher ebenfalls in Nichts zusammen.

Auch die Ansicht, als könne noch jetzt der §. 3 durch ein Gesetz declarirt werden, scheint unmöglich und würde höchst verletzend für Viele sein; dazu kömmt endlich, daß der Grund zu einer Declaration fehlt.

Aus dem Gesetz sind Rechte entsprungen, welche denen, die sie erworben haben, nicht wieder genommen werden können, wenn der Rechtsstand ein gesicherter bleiben soll.

Eine Declaration kann nur da erfolgen, wo entweder die Absicht des Gesetzgebers oder die Fassung dunkel ist; beide Fälle treten hier nicht ein.

Es würde daher nur übrig bleiben, ein neues Gesetz zu geben, worüber die Stände gehört werden müßten; welches Aufsehen es aber in der ganzen Monarchie erregen würde, wenn man anfangen wollte, die Gesetzgebung von 1807 bis 1815 zu verändern, und wie das Gutachten der Stände ausfallen würde, ist voraus zu sehen.

Außerdem würde man dem Gesetze doch nimmermehr eine rückwirkende Kraft beilegen können, da dies jedem Rechtsprincip entgegenläuft, welches die preußische Regierung bisjetzt festgehalten hat; sollte es aber nur auf künftige Fälle Anwendung finden, so lohnet es nicht, es zu erlassen.

Das Gesetz ist eine vollendete Thatsache; wie die Entscheidung der Gerichtshöfe ausfallen wird, nachdem ihnen die Motiven mitgetheilt sind, ist auch um so weniger zweifelhaft, als auch schon das geheime Obertribunal, und wie es scheint, ohne die Verhandlungen gekannt zu haben, den bisher befolgten Grundsatz, das Vorkaufsrecht als noch fortbestehend zu betrachten, wenigstens für zweifelhaft hält.

Daß die Aufhebung des Vorkaufsrechts ein Eingriff in die Rechtsverhältnisse der Lehnsagnaten war, ist nicht zu leugnen, ja unzweifelhaft bleibt es, daß, indem den Agnaten das Vorkaufsrecht genommen wurde, auch ganz folgerecht das Revocationsrecht fortfällt, denn dieses Recht, wie auch in dem Gutachten vom 21. October 1768 (Beiträge zu der juristischen Literatur 2. Seite 22 und 51.) anerkannt, ist seinem Wesen nach ein und dasselbe Recht, wie das Vorkaufsrecht, mit dem einzigen Unterschiede, daß es, wie bereits vorher erwähnt, zu verschiedenen Zeiten geübt wurde, welcher Ansicht auch in den Circularschreiben beigepflichtet wird, wie überhaupt über diesen Punkt wohl keine Controverse sich halten kann.

Daß übrigens die Rechtsverkürzung, welche durch das Gesetz vom 9. October 1807 die Lehnsagnaten betraf, kein isolirtes Factum sei, beweiset die Gesetzgebung vom Jahre 1807—1815.

In dieser finden wir auf jeder Seite, wie die Regierung damals, ohne Rücksicht auf die aus einer früheren Zeit überkommenen Rechtszustände zu nehmen, sich in ihrem Plane zur Förderung der geistigen und materiellen Interessen der Nation durch nichts hat aufhalten lassen.

Im Interesse der höheren Wohlfahrt des Staats forderte sie von den einzelnen Klassen der Bürger große Opfer, jedoch mit dem vollen Bewußtsein ihrer höheren Aufgabe, und mit der Ueberzeugung, daß den Einzelnen durch die Hebung der allgemeinen Wohlfahrt die gehabten Verluste reichlich ersetzt werden würden.

Ein so gewaltsames Eingreifen in die Rechte der Einzelnen konnte freilich nur durch Zeitläufe, wie die damaligen waren, gerechtfertigt erscheinen, auch mußte dem eine baldige Grenze gezogen werden, wenn nicht ein rechtloser anarchischer Zustand daraus folgen sollte.

Wie wenig gerecht und an der Zeit es aber sein würde, wenn man nach Verlauf von 40 Jahren unter den vielen Rechtsverletzungen eine einzelne herauswählen wollte, um zu Gunsten einiger Familien auf Unkosten einer zahllosen Classe den früheren status quo wiederherzustellen, und zugleich eine neue Rechtsverletzung ohne allen Zweck zu begehen, ist offenbar. Vor Allem müßte man doch wenigstens untersuchen, welche Gründe damals den hochseligen König das Revocationsrecht aufzuheben bestimmten.

Es giebt unbegreiflicher Weise noch immer Einzelne, die

nicht einsehen wollen oder können, daß Preußen seine Größe und jetzige Stellung in Europa den kühnen und durchgreifenden Maaßregeln dankt, zu welcher sich damals der hochselige König, unterstützt von großen Staatsmännern entschloß; wohin würde uns der entgegengesetzte Weg führen, wenn er gewählt werden sollte?

Doch es ist nicht unsere Absicht, uns in diesen Gedanken weiter zu vertiefen. Ueberzeugt sich die Regierung, daß sie verpflichtet sei, ein früher geschehenes Unrecht gut zu machen, und daß höhere Staatsrücksichten sie dazu auffordern, so würde eine directe Entschädigung doch allein angemessen erscheinen; inzwischen kann auch diese gespart werden, da, wie weiterhin gezeigt werden soll, der Zweck, den die Regierung im Auge hat, ohne gewaltsame Mittel und ohne directe Opfer zu erreichen ist.

Es möchte hier der Ort sein, auf eine nähere Untersuchung einzugehen, welche Gründe damals den Monarchen bestimmt haben könnten, gegen den ersten Antrag der Immediat-Commission und seiner Minister v. Stein und v. Schrötter das Vorkaufsrecht bei den pommerschen Lehngütern aufzuheben.

Dieses Recht, insofern es sich darauf beschränkt, daß den Lehnsagnaten die Befugniß zusteht, wenn ein Gut durch Kauf aus der Familie geht, das Vorkaufsrecht binnen Jahr und Tag üben zu können, ist ein Recht, welches dazu beitragen kann, die Güter in der Familie zu erhalten, und welches, eine geringe Unterbrechung des freien Verkehrs abgerechnet, ohne wesentliche Nachtheile für den Einzelnen wie für das Ganze fortbestehen könnte.

Es würde daher wohl kaum gelohnt haben, deßhalb ein Gesetz zu erlassen und einen Eingriff in die Rechtsverhältnisse zu thun. Von diesem Gesichtspunkte gingen wahrscheinlich auch die Minister von Stein und von Schrötter bei ihrem Antrag, wie er im §. 2 des ersten Entwurfs gefaßt war, aus.

Inzwischen mußte es sich bei näherer Beleuchtung des Gegenstandes herausstellen, daß es noch eine zweite Gattung des Vorkaufsrechts (das Revocationsrecht) gebe, welches viel Unheil gestiftet habe, indem es den Besitzstand wankend mache, den Kredit erschüttere, die Kultur des Bodens hemme, der Chicane und der Fälschung Thür und Thor öffne, langwierige Prozesse hervorrufe, und am Ende eine Menge Gutsbesitzer und deren Gläubiger um ihr Vermögen bringe. Es mußte sich ferner bei weiterem Nachdenken ergeben, daß die Fortdauer eines Rechts wie dieses unvereinbar mit der Absicht des Königs war, durch weise Gesetze die tiefen Wunden zu heilen, welche der Krieg seinen Unterthanen geschlagen hatte.

Endlich ließ es sich auch nicht verkennen, daß die Gerechtigkeit selbst eine Aufhebung dieses Rechts fordere, und letzteres könnte leicht ein Hauptbeweggrund beim Monarchen gewesen sein, das Gesetz so zu erlassen, wie es ist.

Nach den bei der Revocation bestehenden Bestimmungen zahlt der Revocant nur das frühere Kaufpretium und die erweislichen Meliorationen zurück. Die Besitzer der einer künftigen Revocation unterliegenden Rittergüter hatten aber von diesen die ungeheuren Kriegskosten tragen müssen. Diese waren aber in Pommern um so bedeutender, als die Deputirten der Ritterschaft, die gemeinschaftlich mit dem Präsidenten der Kriegs- und Domänenkammer während der Besetzung der Provinz durch die Franzosen die Leitung der Geschäfte führten, den patriotischen Entschluß gefaßt und durchgeführt haben, keine Landesschulden zu machen, weil sonst den Feinden nicht nur die Gegenwart, sondern auch die Zukunft gehört hätte.

Der Kriegsaufwand war in Folge dessen so hoch gestiegen, daß er in der Regel nicht nur das disponible Vermögen des Gutsbesitzers und dessen Ehefrau verzehrt hatte, sondern manchen auch nöthigte, gegen wucherhafte Zinsen Privatschulden zu machen.

Wenn nun späterhin ein Lehnsagnat zuträte und das Gut für den früheren Kaufpreis zurückforderte, so hätte der zeitige Besitzer, da Kriegsschäden nicht zu den Meliorationen gehören, durch Tragung der Kriegskosten des Lehnguts sich und die Seinigen zu Grunde gerichtet, und der neue Besitzer keinen Groschen zu selbigen beigetragen. Eine so schreiende Ungerechtigkeit wollte der König nicht begünstigen, und dies war unstreitig der wesentlichste Beweggrund, das Vorkaufsrecht aufzuheben.

Wenn diese Bestimmung dennoch damals nicht ins Leben getreten ist, wenn trotz dem Gesetz späterhin so viele Guts- und Capitalbesitzer darüber zu Grunde gegangen sind *), so lag dies wohl darin, daß das Gesetz durch die nachfolgenden Ereignisse, die sich auf einander häuften, ganz in den Hintergrund gestellt worden war.

Gleich nach Beendigung des Krieges dachte Niemand an die Revocation von Lehnsgütern. Bald darauf wurde durch die neue Steuerverfassung, durch die Eigenthumsverleihung der Bauerhöfe an ihre zeitigen Besitzer und durch die großen Veränderungen in den sämmtlichen Gutsverhältnissen selbst, der Güterankauf sehr verleidet, und wer sich dazu entschloß, fand

*) Unter diese gehörte die bei Weitem größere Zahl der alten Familien selbst.

die Gelegenheit, zu den geringsten Preisen Domänen zu erwerben.

Späterhin wurden namentlich durch die französischen Durchmärsche und den darauf folgenden Kampf für König und Vaterland die Kräfte des Landes, und namentlich die der großen Gutsbesitzer fast noch stärker in Anspruch genommen, als durch den Krieg von 1806 und durch die Kriegs-Kontribution an Frankreich, die Denen, die sie gezahlt hatten, nicht wieder erstattet worden ist, obgleich sie von Frankreich zurückgezahlt ward.

Wenn nun jetzt die Besitzer von Lehnsgütern, welche der Revocation unterliegen, für den früheren Kaufpreis die Güter zurückgeben sollten, für welchen diese ehemals aus der Familie gegangen sind, und zwar ohne Entschädigung für die der Erhaltung des Staats gebrachten Opfer, so würde hierin eine große Ungerechtigkeit liegen.

Dagegen sind sie nun freilich hoffentlich durch das Gesetz geschützt, denn, obgleich die Gerichtshöfe selbst für den ersten Augenblick durch das plötzliche Aufblitzen des Gesetzes überrascht gewesen sein mögen, so werden sich diese doch auch hier als die Vertreter des Rechts bewähren, und es kann daher kaum zweifelhaft sein, wie die Erkenntnisse für die Folge ausfallen werden. Daß die Regierung durch ein neues Gesetz einschreiten sollte, ist um so weniger zu erwarten, da hierzu kein Grund vorhanden ist; denn das ganze pommersche Lehnswesen ist nichts weniger als ein organisches Ganze, welches eine gewisse Stabilität des Besitzes herbeiführte, sondern im Gegentheil ein in sich durch und durch abgestorbener Körper.

Wenden wir uns nun zu dem Ergebniß der vorstehenden Untersuchung, welche Rechte denn den Lehnsagnaten noch zustehen, so finden wir, daß das Vorkaufs- und Revocations-recht durch das Gesetz vom 9. October 1807 aufgehoben ist; es bleibt mithin nur noch das Reluitionsrecht, welches sehr wenig vorkommt, und das Beneficium taxae, welches als das einzige noch bestehende wesentliche Recht der Agnaten eine nähere Beachtung verdient, und es wünschenswerth macht, die Grundsätze, nach welchen es geübt wird, scharf zu bezeichnen.

Ueber den Umfang dieses Rechts besteht noch eine Controverse, oder vielmehr der unleugbare frühere Rechtsstand ist nicht festgehalten, und stand bisher in Gefahr, sich ganz zu verändern. Welches der frühere Rechtszustand war und wie sich dieser durch die Anwendung der Schweder'schen Taxen nach und nach verändert hat, haben wir vollständig nachgewiesen und zugleich darauf aufmerksam gemacht, wie von 1200 Rittergütern in Pommern nur noch etwa 100 im rechten Lehnsgange sich befinden. Niemand, der die Verhältnisse kennt, wird es in Abrede stellen können, daß durch Beibehaltung der Schweder'schen Taxen und den dadurch beschränkten Credit der Lehnsgüter diese aus den Familien gegangen sind.

Die Lehnsgutsbesitzer haben bisher das eigenthümliche Schicksal erfahren, daß das Interesse, welches die Regierung ihnen schenkt, sie zu Grunde gerichtet hat. Alle Maaßregeln, vermeintlich zu ihren Gunsten, haben den entgegengesetzten Effect gehabt, sie sind die Kinder, welche die Mutter aus lauter Liebe an ihrer Brust erdrückt. Wenn auf dem bisher verfolgten Wege noch wenige Jahre fortgegangen wird, so wird sich die Zahl der Güter, welche im Lehnsgange bleiben, auf nur noch einige beschränken.

Inzwischen ist nicht zu verkennen, daß einzelne Lehnsgutsbesitzer, theils aus Vorurtheil, theils auch durch Sonder-Interessen geleitet, bisher viel dazu beigetragen haben, die Regierung irre zu leiten. Inzwischen ist der wirkliche Stand der Verhältnisse nicht mehr zu verkennen. Durch die immer mehr hervortretende Ueberzeugung, daß die Taxprincipien, welche bisher bei der Werthschätzung der Lehnsgüter angewandt worden sind, unhaltbar wären, und um den sich immer von neuem wiederholenden Anträgen aus der Provinz zu begegnen, waren vor etwa 5 Jahren Abgeordnete der lehnstragenden Familien nach Stettin einberufen, um sich über die bei Ausübung des Beneficium taxae für die Zukunft anzuwendenden Principien zu erklären.

Das Gutachten fiel nun dahin aus, daß die landschaftliche Taxe hierzu gewählt werden müßte. Inzwischen erhielten die deshalb gemachten Anträge nicht die Allerhöchste Sanction, sondern wurden dem letzten Provinzial-Landtage zur Begutachtung vorgelegt.

Dieser erklärte sich mit überwiegender Majorität dahin, daß die landschaftliche Subhastations-Taxe, welche noch etwas höher als die Bewilligungs-Taxe ausfällt, maaßgebend sein müßte, und daß, wenn der eine oder der andere dabei interessirte Theil sich verletzt glaubte, der Weg des Recurses eingeschlagen werden solle, und zwar mit Ausschluß der Gerichtshöfe.

Ungeachtet der Zustimmung der Provinzialstände erfolgte keine definitive Erklärung, und, wie es scheint, ist diese nach einem Gutachten des Staatsraths bis dahin verschoben, daß die neue pommersche Pfandbriefstaxe durch den landschaftlichen General-Landtag festgestellt sein werde.

Im December des eben verflossenen Jahres ist diese Feststellung nun erfolgt, und eine Allerhöchste Entscheidung wird daher nicht länger ausbleiben können, um so weniger, da ein einstimmiger Antrag auch von Seiten der Generallandschaft an Se. Majestät dahin gerichtet ist, zu genehmigen, daß die neue pommersche Pfandbriefstaxe zugleich als Lehnstaxe gewählt werde.

Es darf nicht übersehen werden, daß die zu einem landschaftlichen General-Landtage abgesandten Deputirten der Kreise nur autorisirt sind, von dem Gesichtspunkte der Consolidirung des Credits und gleichmäßigen Vertheilung des Nutzens, welchen die Institution dem Einzelnen gewährt, und der Bürgschaft, die sie fordert, auszugehen, und daß alle Anträge, die Lehnsverhältnisse selbst betreffend, ganz unzeitig gewesen wären. Der Gegenstand ist daher auch nur zunächst aus dem landschaftlichen Gesichtspunkte aufgefaßt worden. Bei den Berathungen darüber ward namentlich zur Sprache gebracht, daß, wenn durch neue, den gegenwärtigen Verhältnissen des Landbaues angemessenere Taxprincipien eine richtigere und gleichförmigere Werthsermittelung bei den Allodialgütern erfolge, bei den Lehnsgütern dagegen die Schweder'schen Principien in Anwendung bleiben sollten, den Besitzern von Lehnsgütern eine größere Mitverhaftung aufgebürdet würde, während ihnen nur ein so geringer Credit zu Theil wird. Ferner verschwieg man es sich nicht, in welche Verlegenheit die Pfandbrief-Institution geräth, wenn sie nach ganz verschiedenen Taxprincipien bald das eine, bald das andere Landgut abschätzen sollte.

Eine Entscheidung von Seiten der Regierung kann daher jetzt nicht länger verschoben werden, und es steht zu erwarten, daß diese dahin ausfallen werde, daß die landschaftliche

Pfandbriefstaxe auch als Lehnstaxe gelte. Dafür spricht der unleugbare Rechtspunkt, der frühere Beschluß der lehnstragenden Familien, das Votum des Provinzial-Landtages und der Antrag des landschaftlichen General-Landtages.

Allein es tritt jetzt noch ein neuer Grund hinzu, auf welchen wir die Regierung aufmerksam machen zu müssen glauben.

Unverkennbar wünscht sie noch die Ueberbleibsel der Lehnsverfassung zu retten, oder, um uns bestimmter auszudrücken, den alten Familien den Besitz ihrer Stammgüter zu erhalten; sollte die Regierung jedoch auf die triftigen Gründe keine Rücksicht nehmen, welche für eine zeitgemäße Lehnstaxe sprechen, sondern die alten Schweder'schen Taxen trotzdem beibehalten wollen, so würde dies die Lehnsgutsbesitzer nur noch mehr zum Verkauf ihrer Güter bestimmen.

Wer Geld braucht und wem liegendes Vermögen zu Gebote steht, und der dennoch keinen Credit besitzt, wird gezwungen, dies mobil zu machen, was um so leichter wird, wenn das Vorkaufsrecht und mit diesem die wesentlichsten Besorgnisse gegen den Kauf von Lehnsgütern aufgehört haben.

Sind erst mehrere rechtskräftige Erkenntnisse, das Vorkaufsrecht betreffend, gefällt, so werden die in fremde Hände übergegangenen Güter sich dem Wesen nach wenig mehr von den Allodialgütern unterscheiden, und in dem Augenblick, daß sie aus den Familien gehen, werthvoller werden.

Wenn wir uns ganz in die Ansichten der Regierung hineindenken, so gehen letztere, wie bereits erwähnt, dahin, die alten lehnstragenden Familien im Besitz ihrer Güter zu erhalten und zugleich dem zu häufigen Wechsel derselben vorzubeugen. Wir theilen die Richtung, die hierin liegt, zwar ebenfalls, allein unter der entschiedenen Voraussetzung, daß der Rechtszustand, wie er gegenwärtig besteht, erhalten bleibe, daß das Eigenthum mehr gesichert werde, daß die Hemmungen entfernt werden, welche nach den jetzigen Verhältnissen den Flor des Ackerbaues, den Wohlstand so vieler Klassen der Bewohner der Provinz bedrohen, und daß diesem nichtswürdigen Treiben der Parteien, welches theilweise bestanden hat, ein Ziel gesetzt werde.

Wie die bisher angewandten Mittel das Gegentheil von dem gefördert haben, was sie bezweckten, ist sonnenklar nachgewiesen; es müssen daher andere Wege eingeschlagen werden.

Der einfachste und kürzeste Weg, um aus dem Labyrinth heraus zu kommen, würde der sein: die ganze Lehnsverfassung in Pommern aufzuheben, und zwar gegen eine billige Entschädigung. Es würde dies dahin führen können, aus dem Baumaterial ein neues, den Verhältnissen der Gegenwart entsprechenderes Gebäude aufzurichten, welches die Möglichkeit gewährte, Familien-Fideicommisse zu errichten, und geeignet, dem sinkenden Wohlstand der Familien vorzubeugen, welche sich unter dem Druck der Pseudo-Lehnsverfassung befinden.

Den gordischen Knoten jedoch ohne Weiteres zu zerhauen, durch ein Gesetz das ganze Verhältniß mit einem Federstrich zu vernichten, mithin von einem Extrem zum andern überzugehen, würde als ein Gewaltstreich nicht zu bevorworten sein.

Besser ist es jedenfalls, dem weisen Grundsatz, den der Monarch bisher stets verfolgt hat, analog, auf dem Wege der Reform und unter Anknüpfung des Neuen an das Bestehende, die Umformung zu bewirken.

Einen festen Anknüpfungspunkt bietet dazu die Cabinets-Ordre von Friedrich II., in welcher den lehnstragenden Familien die Befugniß ertheilt wird, durch einen gemeinschaftlichen Beschluß den Lehnsnexus unter sich aufzulösen, eine Befugniß, die durch ein Gesetz vom Jahre 1809 auf alle Familien-Verträge ausgedehnt wird.

Einen zweiten Anhaltspunkt finden wir in Neupommern, wo unter der Schwedischen Regierung das Lehnswesen aufgehoben ward, jedoch gegen Abfindung der Mitbelehnten und zwar mit höheren oder niederen Summen, je nach dem Grade ihrer Anwartschaft auf das Lehn.

Das frühere Edict Friedrich des Großen hat zwar dahin geführt, daß mehrere Familien, namentlich die v. Dewitz und die v. Manteufel den Lehnsnexus unter sich aufgehoben haben, allein da ihnen die Befugniß fehlte, die etwanigen unbekannten Lehnsvettern zu provociren, so ist die Allodifications-Erklärung nicht zu beschaffen gewesen, und es ist weiter nichts erreicht, als daß, wenn Glieder der Familie ein Gut verkaufen, es dem neuen Besitzer möglich wird, die Allodification zu bewirken.

Um nun die Wünsche der Regierung, nämlich die Erhaltung wenigstens eines Theils der Stammgüter im Besitz der alten Familien, mit den Anforderungen der allgemeinen Wohlfahrt und den Interessen der dabei Betheiligten möglichst zu verbinden, würde das Gesetz wegen Ablösung der Lehne etwa nachstehende Grundzüge enthalten müssen.

Das Lehnsverband in Vor- und Hinterpommern hört an einem näher zu bestimmenden Termine auf, und bleibt es den verschiedenen dabei Betheiligten überlassen, sich bis dahin, wie es ihnen am zweckmäßigsten erscheint, gütlich zu einigen; erfolgt keine Einigung, so wird die Aufhebung der Lehnsqualification unter gewissen, näher zu bezeichnenden Bedingungen durch eine gemischte Königliche und ständische Commission bewirkt.

Als Einleitung möchte es zweckmäßig sein, unter Vorsitz eines Königl. Commissarius die Häupter der verschiedenen noch in der Provinz angesessenen lehnstragenden Familien zusammen zu berufen, um zu versuchen, inwiefern ein Familienbeschluß zu Stande zu bringen sei, für welchen Fall ihrem Beschluß die Gütlichkeit zuzuerkennen wäre. Gelingt keine Vereinigung, so steht es jedem Einzelnen frei, seine bisherigen Lehnsgüter in ein Familien-Fideicommis zu verwandeln, wo dann die Erbfolge, wenn des Stifters Descendenten aussterben, dieselbe bleibt, wie sie bei dem Lehn statt findet, nur mit dem Unterschiede, daß die Güter nur auf einen Besitzer übergehen und etwa nach der Lehnsfolge Gleichberechtigte sich mit einer Abfindung begnügen müßten. Auf die zum Fall stehenden Lehne findet dies, wie sich von selbst versteht, keine Anwendung.

Diejenigen Glieder der Familien, welche ihre Verhältnisse oder ihr eigener Wille abhalten, aus ihren Gütern einen erblichen Familienbesitz zu gründen, sind, um die Allodialqualification für diese zu erlangen, berechtiget und verpflichtet, ihre Mitbelehnten nach denselben Grundsätzen abzufinden, welche für die Besitzer von Lehnsgütern festgesetzt würden, auf welche noch die Lehnsqualification haftet.

Die zeitigen Besitzer von Lehnsgütern, welche noch der Gefahr unterliegen, daß, wenn die veräußernden oder etwa in den Verkauf gewilligt habenden Linien ausgestorben sind, sie diese gegen die Lehnstare heraus geben müssen, sind berechtigt und verpflichtet, die Lehnsqualification abzulösen.

Wie hoch eine solche Abfindung sich belaufen könnte, und

bis zu welchem Grade sie erfolgen soll, muß sich nach dem zu erwartenden Nutzen richten, welchen es für den Lehnsfolger hat, wenn er ein bestimmtes Gut für die Taxe annimmt.

Die Differenz der näher zu bestimmenden Lehnstaxe unter dem wirklichen Werth des Gutes würde mithin maaßgebend sein, sowie der Zinsgenuß bei einer pränumeranden Zahlung in Anrechnung gebracht werden müßte. Daß auch hier bereits auf den Anfall stehende Lehnsgüter ausgenommen bleiben müssen, versteht sich von selbst.

Die Höhe der Ablösungssumme läßt sich, wie oben darauf aufmerksam gemacht ist, ohne eine gründliche Untersuchung auch nicht einmal annähernd angeben, daher wir uns denn auch jedes speciellen Vorschlages enthalten, und zugleich bevorworten, daß die mitgetheilten Ansichten nur als die ersten Grundlagen zu betrachten sein dürften.

Die Initiative zu einem solchen Gesetz steht nur der Regierung, oder den Provinzialständen, oder den lehnstragenden Familien zu und es würde dasselbe jedenfalls, wenn es von der Regierung ausgehen sollte, den Provinzialständen und den lehnstragenden Familien zur Begutachtung vorgelegt werden müssen.

Es kann nicht geleugnet werden, daß, wenn man sich auf eine Rechtsklauberei, die bei uns oft mit weit mehr Eifer verfolgt wird als die Erhaltung des Rechtszustandes selbst, einlassen wollte, sich Manches gegen ein Gesetz, wie dieses, einwenden lassen würden.

Wenn dagegen der jetzige völlig rechtlose Zustand, in welchem sich die ganze Lehnsverfassung befindet, dagegen abgewogen wird, so neigt sich die Wagschale ganz auf die Seite eines solchen Gesetzes.

Die Möglichkeit und Nothwendigkeit von durchgreifenden Maaßregeln ist in dem Vorhergehenden wiederholentlich vollständig entwickelt, wir verlieren darüber kein weiteres Wort, und wollen nur noch darauf hinweisen, daß nur durch Gründung von Fideicommissen den alten Familien die Gelegenheit gewährt wird, ihren Nachkommen den Besitz ihrer Stammgüter zu bewahren, und dem Monarchen die Gelegenheit, aus einer der ältesten Stammprovinzen der Monarchie Glieder in die Herren-Kurie zu versetzen, in welcher wir bis jetzt keine erblicken.

Bei dem Vorurtheil, welches in Hinsicht der Pommerschen Lehnsverfassung so feste Wurzeln geschlagen hat, ist wenig Hoffnung vorhanden, daß von Seiten der Regierung auf irgend eine so durchgreifende Maaßregel eingegangen werde, wie es die allmälige Umformung der Lehnsverhältnisse selbst sein würde; der Impuls hierzu wird, wie es nun einmal die Zeit mit sich bringt, nur von unten erfolgen können.

Wichtig bleibt es zu untersuchen, wie sich vielleicht auch noch auf andere Weise eine zweckmäßige Reform des Lehnswesens bewirken lasse, ohne zu einer gänzlichen Auflösung zu schreiten.

Eine der ersten und heiligsten Pflichten der Regierung besteht darin, für einen gesicherten Rechtszustand zu sorgen, und dieser setzt wieder klare und bestimmt gefaßte Gesetze voraus, die mit Bezug auf die pommersche Lehnsverfassung gänzlich fehlen.

Das Bedürfniß nach festen gesetzlichen Normen ist aber noch gesteigert durch das Edict vom 9. October 1807.

Ueber die rechtliche Wirkung desselben haben bisher die Gerichtshöfe verschieden erkannt, und wenn auch durch Bekanntwerdung der Motive und der Verhandlungen bei Abfassung jenes

Gesetzes die künftige Entscheidung der Gerichtshöfe nicht zweifelhaft sein kann, so würde es doch wohl kaum zu rechtfertigen sein, ruhig abzuwarten, wie sich allmählig eine Praxis über die Anwendbarkeit des Gesetzes heraus bildet.

Daher können die dabei Betheiligten sich wohl der Hoffnung hingeben, daß die Regierung im Interesse der Einzelnen, wie der Landescultur in einen möglichst kurzen und klaren Gesetzentwurf die Lehns-Gesetzgebung zusammenfassen lassen werde.

Sehr wünschenswerth ist es, daß gleichzeitig eine auf Gerechtigkeit und Billigkeit beruhende Ausgleichung der Controversen erfolge, die jetzt noch bestehen.

Ein wesentlicher Punkt, den wir dabei zunächst ins Auge fassen, ist die Herstellung des Vorkaufsrechts unter Modificationen. Wenig Werth hatte dieses bisher für die Lehnsagnaten-Familien, da wegen der niedrigen Schweder'schen Taxe zu große eigene Capitalien zum Ankauf eines Lehnguts erforderlich waren.

Inzwischen ändert sich der Stand der Verhältnisse, wenn die neue landschaftliche Beleihungstaxe als künftige Lehnstaxe bestätigt wird, denn dann wird es manchen Lehnsvettern möglich werden, das Vorkaufsrecht zu üben, und sich dadurch wieder in den Besitz alter Familiengüter zu setzen.

Die Wiederherstellung des, durch das Gesetz vom 9. Octbr. 1806 aufgehobenen Vorkaufsrechts wird auch keinen Widerstand finden, insofern diesem keine rückwirkende Kraft beigelegt wird, und das Revocationsrecht aufgehoben bliebe.

Letzteres ist ein Rechtsmißbrauch, wie es keinen ähnlichen in einem Rechtsstaate mehr giebt, und gehört in das Zeitalter der Rechtszustände, wo man gestrandete Schiffe als gute Beute betrachtete. Nachdem dies einmal aufgehoben worden ist, kann es nicht wieder eingeführt werden.

Ursprünglich war es entschieden die Absicht, daß der Revocant dem zeitigen Besitzer die volle Valuta, die ihm das Gut gekostet hatte, erstatten sollte; deßhalb ward bestimmt, daß außer dem gezahlten Kaufgelde auch alle Meliorationen vergütiget werden müßten.

Allein bei diesen Bestimmungen war übersehen, daß der Werth des Geldes so bedeutend steigen könnte, wie dies in den letzten Hundert und Fünfzig Jahren der Fall gewesen ist. Ebenso war es unbeachtet geblieben, wie unmöglich es sei, die gemachten Meliorationen nach einer langen Reihe von Jahren vollständig nachzuweisen. Jede Revocation führte daher, der ursprünglichen Absicht entgegen, zu einer Vermögensverkürzung, und, in Folge der damit verbundenen langen Prozesse und herbeigeführten Verschlechterungen der Grundstücke selbst, zu einer Vermögens-Zerstörung.

Wenn nun dem noch zugezählt wird, daß der Besitzer eines solchen Gutes zur Erhaltung des Staates so großer Opfer gebracht, und die ungeheueren Kriegskosten getragen hat, daß unstreitig mit Rücksicht darauf der vorige König dieses Recht aufgehoben hat, so kann von Ausübung dieses Rechts nicht mehr die Rede sein.

Sollte man sich nun nicht entschließen können, unserem ersten Antrage gemäß, die Ruine, die man pommersche Lehne nennt, abzutragen, so würde doch jedenfalls unter Berücksichtigung der bestehenden Verhältnisse in einem möglichst gedrängten Gesetzentwurfe der Umfang der Berechtigungen der Agnaten scharf zu bezeichnen sein, und derselbe im Wesentlichen etwa folgende Grundzüge enthalten müssen.

1. Bei allen Fällen, wo nach der pommerschen Lehnsverfassung das Beneficium taxae geübt werden kann, erfolgt die Werthermittelung nach der landschaftlichen Pfandbrieftaxe. Von der, durch die landschaftlichen Behörden aufgenommenen Werthschätzung steht den dabei Betheiligten, wenn sie sich durch diese verletzt halten, der Weg des Recurses, so wie diesen das landschaftliche Reglement besagt, offen.

Eine Appellation an die Gerichte, was die ökonomischen Abschätzungen betrifft, bleibt ausgeschlossen.

2. Wenn ein Lehnsbesitzer, dessen Gut sich noch im rechten Lehnsgange befindet, dieses verkauft, so müssen sofort durch öffentlichen Aufruf diejenigen Lehnsvettern, welche im Kauf- und Hypotheken-Buch der Gerichtshöfe bis zum 31. December 1847 ihre Lehnsansprüche haben eintragen lassen, aufgefordert werden, sich in einem, von den Gerichten zu bestimmenden Termine zur Ausübung des Vorkaufsrechts, bei Vermeidung der Präclusion, zu melden. Finden sich mehrere Competenten, so erhält der näher stehende Agnat den Vorzug

Ueber diesen Termin hinaus findet kein weiteres Vorkaufsrecht mehr statt.*)

3. Die bestehenden gesetzlichen Bestimmungen bei verpfändeten und auf Zeit verkauften Lehnsgütern bleiben unverändert.

4. Den Lehnsbesitzern steht es frei, aus ihren Gütern Familien-Fideicommisse unter den vorher angedeuteten Bedingungen zu bilden. Da der Besitzer eines pommerschen Lehns-

*) Dieselbe Einrichtung besteht in Mecklenburg, und hat sich dort als sehr zweckmäßig bewährt. Mecklenburg dankt den Flor des Ackerbau's auf seinen Gütern, obgleich der Lehnsnerus zum Landesherren noch besteht, zum Theil dieser Einrichtung.

guts die unbedingte Dispositionsfreiheit über dasselbe hat, so kann ihm das Recht, ein Fideicommis zu errichten, so lange er noch männliche Descendenten hat, nicht streitig gemacht werden. Mithin wird jedenfalls, wenn auch keine Abfindung der übrigen Agnaten erfolgen sollte, das Fideicommis unangefochten bestehen, bis seine Linie ausgestorben ist, mithin wahrscheinlich der Besitz der Güter eine lange Reihe von Jahren seiner Familie gesichert bleiben.

Noch weiter gehen und gleich für die Ewigkeit Bestimmungen treffen wollen, ist eine Thorheit.

In England besteht ein Gesetz, nach welchem keine Fideicommisstiftung über zwei Generationen gültig ist, aber es kann erneuert werden.

5. Den lehnstragenden Familien, die über die Aufhebung desselben schon einen Beschluß gefaßt haben, oder laut der ihnen zustehenden Befugniß für die Zukunft einen dergleichen fassen, muß die Befugniß zustehen, die Allodial-Qualification ihrer Güter in dem Kauf- und Hypothekenbuch eintragen zu lassen, insofern der Consens sämmtlicher Agnaten, die ihre Rechte bis zum 31. December 1847 im Hypothekenbuch haben eintragen lassen, nachgewiesen wird.

Unstreitig würde es ein großer Act der Gerechtigkeit, und zugleich eine wahre Wohlthat für Pommern sein, wenn die Regierung auf der Grundlage der hier gemachten Vorschläge dem Provinzial-Landtage und den lehnstragenden Familien einen Gesetzentwurf zur Prüfung vorlegen wollte.

Wo das Bedürfniß nach einer Ordnung der Verhältnisse so dringend ist, wie hier, da müssen alle untergeordneten Rücksichten in den Hintergrund treten; unleugbar zeigt sich hier wieder einer von den Fällen, wo es der Regierung so leicht wird, zugleich alle Uebel zu heilen, wichtige Staatszwecke zu fördern, und den Wohlstand eines bedeutenden Theils seiner Unterthanen zu heben.

In der Anlage lassen wir hier die Abschrift des Circularschreibens des Justiz-Ministeriums folgen, um bei der Wichtigkeit des Gegenstandes dem Leser die Gelegenheit zu verschaffen, sich selbst zu überzeugen, in welchen Punkten dieses mit den von uns ausgesprochenen Ansichten übereinstimmt oder von denselben abweicht.

B. = C.

# Beilage.

... und bleibt dem Collegio überlassen, davon bei künftiger Entscheidung den erforderlichen Gebrauch zu machen.

Berlin, den 10. November 1847.

(gez.) Uhden.

A. d. O. L. G. zu Stettin.

---

# Votum.

Es ist die Frage angeregt:

ob das in der pommerschen Lehnsverfassung unzweifelhaft begründete, den Agnaten zustehende Vorkaufsrecht, durch den §. 3. des Edicts vom 9. October 1807 aufgehoben sei?

Bisher ist diese Frage in der Praxis verneint worden. Namentlich ist in der Sache v. B. wider v. Sch. durch die Erkenntnisse des ersten und zweiten Senats des Oberlandesgerichts zu Stettin, vom 7. August 1843. und 2. Mai 1844 entschieden, daß das Vorkaufsrecht der Agnaten auf pommersche Lehne noch jetzt bestehe, und die gegen diese Entscheidung eingewandte Nichtigkeitsbeschwerde durch Urtel des Geheimen Obertribunals vom 13. December 1844 verworfen:

weil es zwar nach der Absicht des Edicts vom 9. October 1807 zweifelhaft sein möge, ob unter dem im §. 3. des Edicts gebrauchten Ausdrucke „Miteigenthümer" auch Lehnsagnaten begriffen seien, indessen überwiegende Gründe hierfür sprächen, und mit besserem Rechte zu behaupten sei, daß wenn den Agnaten das ihnen zustehende so wesentliche Recht des Vorkaufes hätte entzogen werden sollen, dieses eine ausdrückliche Andeutung darüber enthalten würde.

Der Gutsbesitzer H., welcher sich in den Besitz eines, den Ansprüchen der Agnaten unterworfenen v. B.'schen Lehnguts befindet, hatte schon früher bei des Königs Majestät darauf angetragen, eine Declaration dahin zu erlassen, daß nach §. 3. des Edicts vom 9. October 1807 das gesetzliche Vorkaufsrecht den Lehnberechtigten überhaupt nicht mehr zustehe. In der an den Herrn Justiz-Minister Uhden unterm 22. März 1845 erlassenen Allerhöchsten Ordre wird jedoch dieser Antrag zurückgewiesen,

weil die Gerichtshöfe über die Auslegung des §. 3. l. c. im entgegengesetzten Sinne einverstanden seien, und diese Auslegung um so mehr zu billigen sei, da sie wohlerworbenen Rechten zum Schutz gereiche. —

Jetzt hat der H. seinen früheren Antrag wiederholt, und zur Begründung desselben ein in der Sache des Lieutenant v. B. gegen ihn bei dem ersten Senat des Oberlandes-Gerichts zu Stettin unter dem 16. Juni 1845 ergangenes, rechtskräftig gewordenes Erkenntniß vorgelegt, in welchem abweichend von der früheren Praxis der Grundsatz aufgestellt ist, daß das Vorkaufsrecht durch den §. 3. des Edicts vom 9. October 1807 ganz allgemein aufgehoben sei, und auch auf pommersche Lehne nicht mehr ausgeübt werden könne.

Diese Entscheidung, zu deren Rechtfertigung insbesondere auch auf dasjenige Bezug genommen ist, was Seite 76 der Motive zu dem revidirten Entwurf des Lehnsrechts über den §. 3. des Edicts vom 9. October 1807 bemerkt ist, hat die Veranlassung gegeben, auf die Verhandlungen, welche dem gedachten Edicte vorangegangen, zurückzugehen.

Actenmäßig ergiebt sich hieraus Folgendes:

Zu den Vorschlägen, welche die Immediat-Commission gemacht hatte, um den durch den unglücklichen Ausgang des Krieges von 1806 zerstörten Wohlstand des Staates wieder herzustellen, gehörte unter mehreren auch der Vorschlag, alle Einschränkungen der Grundstücke bei deren Veräußerung durch Vorkaufs- oder Näherrechte, insoweit solche nicht durch Vertrag, sondern durch Gesetz begründet, aufzuheben.

Der Staatsminister von Stein und der Kanzler von Schrötter erklärten sich in dem Immediat-Berichte vom 28. August 1807 mit diesem Vorschlage einverstanden, fügten jedoch hinzu,

> es müßten indessen außer anderen Annahmen, die Lehne und Fideicommisse hiervon ausgenommen werden, ohne jedoch denjenigen Familienmitgliedern, die nicht zugleich Lehnfolger sind, das gesetzliche Vorkaufsrecht einzuräumen.

Hiernach war es also nicht die Absicht, den Agnaten das Vorkaufsrecht zu entziehen; und dem entsprechend lautete daher auch der vorgelegte Gesetzentwurf in §. 2. dahin:

„das gesetzliche Vorkaufs- und Näherrecht, und das daraus

erwachsende Rückforderungsrecht der Lehnfolger und Ober-Eigenthümer, bei dem Verkauf oder bei der antichretischen Verpfändung des Lehnsguts, ferner . . . so wie derjenigen, welche eine bewegliche oder eine unbewegliche Sache, oder eine Gerechtigkeit als Miteigenthümer gemeinschaftlich besitzen, bleibt fernerhin unverändert bestehen."

Hiervon ist man jedoch später wieder abgekommen; der §. 3 des Edikts vom 9. Oktober 1807 lautet nehmlich dahin:

Ein gesetzliches Vorkaufs- und Näherrecht soll fernerhin nur bei Lehns-Obereigenthümern, Erbzinsherren, Miteigenthümern und da eintreten, wo eine, mit anderen Grundstücken vermischte, oder von ihnen umschlossene Besitzung veräußert wird.

Worauf diese Abänderung des ursprünglichen Entwurfs beruht, ist aus den vorliegenden Acten nicht zu ersehen, soviel ist aber gewiß, daß dieser Punkt nicht etwa bloß übersehen, vielmehr mit Bewußtsein übergangen, also beabsichtigt ist, das den Agnaten zustehende gesetzliche Vorkaufsrecht nicht zu erhalten. —

Noch ehe die Publication des Edicts vom 9. Oktober 1807 erfolgte, zeigte der Geheime Ober-Finanz-Rath von Borgstädt als General-Commissarius von Pommern und der Neumark, unterm 17. November 1807 an, daß und aus welchen Gründen er Bedenken trage, die Publication des Edicts sogleich zu veranlassen.

Zu diesen Bedenken gehörte auch der §. 3.; in Bezug hierauf ist gesagt:

„der §. 3. scheine, auf Pommern und die Neumark angewandt, insofern einen Irrthum zu enthalten, als er festsetze, daß ein gesetzliches Vorkaufsrecht fernerhin nur bei den Lehns-

Obereigenthümern stattfinden solle; dem Lehns-Obereigenthümer competire aber ein Vorkaufsrecht nicht, dagegen competire es den Agnaten; das Edict würde also wörtlich gedeutet den Agnaten ihr Vorkaufsrecht entziehen, und es nur einem Nichtberechtigten, mithin ohne rechtliche Wirkung vorbehalten, und dies sei höchst wahrscheinlich nicht die Absicht." — ? —

Der Kanzler von Schrötter erwiderte jedoch unterm 1. Dezember 1807:

„Das Bedenken erledige sich aus dem Edikt selbst. Wo nach der Lehnsverfassung dem Lehns-Obereigenthümer kein Vorkaufsrecht zustehe, finde auf das Edict keine Anwendung. Was aber die Agnaten und Lehnsberechtigten betreffe, so hätten selbige allerdings ihr Vorkaufs- und Näherrecht verloren."

Der Kanzler von Schrötter nahm indessen hieraus Veranlassung, dem Staatsminister von Stein bei Mittheilung dieses Bescheides zur Erwägung zu stellen, ob nicht angemessen sein sollte, von den Landes-Collegien Anzeige darüber zu erfordern, ob die Verfassung einzelner Provinzen bei der Anwendbarkeit des Edicts Bedenken veranlassen könne, und diese Bedenken durch eine Declaration auf einmal zu heben.

Herr v. Stein fand jedoch in seinem Antwortschreiben vom 4. December 1807 nicht rathsam, eine solche Aufforderung an die Landes-Collegien zu erlassen. In diesem Schreiben wird jedoch der Gesichtspunkt aufgestellt, man müsse das Edict vom 9. October 1807 als das gemeine Recht behandeln, welches in der Regel allgemein gelte. Einzelne provinzielle Abweichungen würden sich durch Immediat-Rescripte treffen und sanctioniren lassen. In Ansehung des Vorkaufsrechts bei Lehnen könne das Edict durch ein Immediat-Rescript declarirt werden.

In einem späteren Schreiben vom 13. December 1807 äußerte Herr v. Stein, der Sinn des §. 3. des Edicts sei, die Konsolidation des getrennten Eigenthums zu befördern, ohne Jemanden dadurch ein Recht zu nehmen, und hiernach werde das in Pommern etwa existirende agnatische Vorkaufsrecht ferner fortdauern können. Dieß sei aber die Sache der besondern speciellen Bestimmung.

Hierbei ist es indessen verblieben, die beabsichtigte specielle Bestimmung ist niemals erschienen. Nach dem Vorstehenden kann durchaus nicht bezweifelt werden, daß es wirklich die Absicht gewesen ist, durch den §. 3. des Edicts vom 9. October 1807 das den Agnaten zustehende Vorkaufsrecht im Allgemeinen aufzuheben, und daß es nicht zulässig sein kann, den im §. 3. gebrauchten Ausdruck Miteigenthümer auf das Verhältniß der Agnaten zu beziehen (§. 17. Tit. 18. Th. I. d. A. L. R.)

Die vorstehenden Motive zum §. 3. des Edicts sind nun aber theilweise zur Oeffentlichkeit gekommen, und wie bereits bemerkt, auch in den neuerlich bei dem ersten Senat des Oberlandes-Gerichts zu Stettin ergangenen Erkenntnisse dazu benutzt, um den mit der bisherigen Praxis in Widerspruch stehenden Grundsatz zu rechtfertigen.

Es ist daher nicht ohne Grund zu besorgen, daß dieser entgegengesetzte Grundsatz bald allgemeinen Eingang finden wird, zumal auch das Geheime Obertribunal in dem schon oben erwähnten Erkenntnisse den früher befolgten Grundsatz sehr zweifelhaft gefunden hat.

Die Anwendung des, im §. 3. des Edicts vom 9. October 1807 hinsichtlich des Vorkaufsrechts der Agnaten aufgestellten Grundsatzes auf Pommersche Lehne kann aber unmöglich bevorwortet werden, es würde dies vielmehr ein nicht zu rechtfertigender Eingriff in wohlerworbene Rechte sein. Es kann dahingestellt bleiben, in wiefern sich der §. 3. des Edicts vom 9. October 1807 in der Anwendung auf solche Lehne, welche dem gemeinen Lehnrechte unterliegen, als gerechtfertiget darstellt.

Der Grundsatz, auf pommersche Lehne angewendet, würde aber mit der Fundamental-Verfassung der pommerschen Lehne unvereinbar im Widerspruch stehen, und dahin führen, die pommersche Lehnsverfassung ganz und gar zu beseitigen. Nach unzweifelhafter Verfassung ist nehmlich der pommersche Lehnsbesitzer, in sofern er lehnsfähig beerbt ist, befugt, das in seinem Besitz befindliche Lehn erblich und eigenthümlich zu veräußern.

Er bedarf hierzu nicht des Consenses der Agnaten, und diesen steht gegen die Veräußerung kein Widerspruch zu.

Das einzige, den Agnaten verfassungsmäßig zustehende Gegenmittel besteht nur in dem Vorkaufsrechte und in dem hiermit in Verbindung stehenden Revocationsrechte.

So lange nun aber die unbeschränkte Veräußerungsbefugniß des Lehnbesitzers besteht, muß auch das, dieser Befugniß korrespondirende Vorkaufsrecht der Agnaten aufrecht erhalten werden. (?) Wollte man den Agnaten das Vorkaufsrecht versagen, so dürfte folgerichtig auch das Revocationsrecht nicht mehr als bestehend anzuerkennen sein; denn das Revocationsrecht ist, wie auch in dem Gutachten vom 21. October 1768 (Beiträge zur juristischen Literatur-Sammlung 2, Seite 22 u. 51) anerkannt ist, seinem eigentlichen Wesen nach ein und dasselbe Recht, wie das Vorkaufsrecht. Der Unterschied zwischen beiden Rechten besteht nur darin, daß das Vorkaufsrecht während des Lebens des Voräußerers und vor dem Anfalle der Lehnssuccession binnen Jahr und Tag nach erfolgtem Verkauf, das Revocationsrecht dagegen nach dem Abgange der veräußernden Linie ausgeübt wird. Diese Consequenz würde sich wenigstens mit guten Gründen behaupten lassen, und jedenfalls hieraus zahllose Prozesse hervor gehn. Wollte man fortan den Agnaten das Vorkaufsrecht und Revocationsrecht versagen, so würde jedes Mittel versagt sein, die Veräußerung pommerscher Lehne unschädlich zu machen, und die Lehne in der Familie zu erhalten, resp. in den Lehngang zurückzubringen.

Es dürfte aber einleuchten, daß dies weder mit der den Agnaten schuldigen Gerechtigkeit vereinbar, noch im öffentlichen Interesse sein würde.

Daß die Aufhebung des Vorkaufsrechts der Agnaten der eigentlichen Natur der pommerschen Lehne nicht entspricht, ist auch bei dem Erlaß des Edicts vom 9. October 1807 nicht verkannt, und nur zu bedauern, daß die in dieser Beziehung vorbehaltene Bestimmung nicht wirklich getroffen ist.

Indessen wird sich auch bei der gegenwärtigen Lage der Sache behaupten lassen, daß das Vorkaufsrecht bei pommerschen Lehnen noch wirklich besteht, und durch den §. 3. des Edicts vom 9. October 1807 nicht berührt wird. (?)

Das Edict vom 9. October 1807 ist nämlich ein allgemeines Gesetz; durch ein solches werden aber (§. 61. Einleitung zum A. L. R.) Provinzial-Gesetze nur dann aufgehoben, wenn diese Aufhebung deutlich verordnet ist, was aber in dem Edict vom 9. October 1807 nicht geschehen ist. (?)

Mit Sicherheit läßt sich jedoch nicht darauf rechnen, daß dieser Grundsatz Anerkennung finden wird, denn abgesehen davon, daß das jetzt vorgelegte Erkenntniß vom 16. Juni 1845 thatsächlich den Beweis des Gegentheils ergiebt, kommt es in dieser Beziehung ins Besondere in Betracht, daß gemeinrechtlich (§. 304. 18. I. A. L. R.) ein Vorkaufsrecht bei Lehnen überhaupt nicht besteht, mithin der §. 3. des Edicts, wenn man denselben nicht auf das in den Provinzialrechten begründete Vorkaufsrecht beziehen will, gar keinen Gegenstand haben würde. — Mit Sicherheit läßt sich der Rechtszustand mithin nur dadurch erhalten, wenn über das Fortbestehen des Vorkaufsrechts bei pommerschen Lehnen eine ausdrückliche gesetzliche Bestimmung erlassen wird, wozu um so mehr Anlaß vorhanden sein dürfte, da in dieser Weise nur nachträglich geschehen würde, was im Jahre 1807 beabsichtigt ist. Sollte indessen angenommen werden, daß kein zureichender Anlaß vorhanden sei, hierüber eine ausdrückliche Bestimmung zu geben, so möchte sich doch empfehlen, in irgend einer Weise den Gesichtspunkt anzudeuten, welcher bei Beurtheilung der Frage, ob dies Vorkaufsrecht bei pommerschen Lehnen noch besteht, ins Auge zu fassen ist.....

Berlin, den 8. October 1847.

Gedruckt bei Julius Sittenfeld in Berlin.

MIX
Papier | Fördert gute Waldnutzung
FSC® C083411

Kolibri 360 GmbH
Ferdinand-Jühlke-Straße 7
99095 Erfurt, Deutschland
produktsicherheit@kolibri360.de